NOS
ENFANTS
D'ABORD
ET AVANT
TOUT

Olivier Mesly

NOS ENFANTS D'ABORD ET AVANT TOUT

UN SYSTÈME D'INJUSTICE

Roman

Conception et réalisation de la couverture:
    Christian Campana, *www.christiancampana.com*
Illustration de la couverture: Shutterstock

Tous droits réservés
© 2014, BÉLIVEAU Éditeur

Dépôt légal: 1er trimestre 2014
Bibliothèque et Archives nationales du Québec
Bibliothèque et Archives Canada

ISBN 978-2-89092-615-8

920, rue Jean-Neveu
Longueuil (Québec) Canada J4G 2M1
Tél.: 514 253-0403/450 679-1933 Téléc.: 450 679-6648

www.beliveauediteur.com
admin@beliveauediteur.com

Gouvernement du Québec – Programme de crédit d'impôt pour l'édition de livres
– Gestion SODEC – www.sodec.gouv.qc.ca.

Nous reconnaissons l'aide financière du gouvernement du Canada par l'entre-
mise du Fonds du livre du Canada pour nos activités d'édition.

IMPRIMÉ AU CANADA

Table des matières

Préambule

. . . .

ÉTÉ 1970. LA SOCIÉTÉ QUÉBÉCOISE, COMME PRESQUE TOUTES les sociétés du monde occidental, se remettait des mouvements de libération orchestrés par les jeunes. L'air était encore imprégné des signes de «Peace and Love», des chansons libératrices des Beatles et des Beach Boys et il serait bientôt caressé par les accords, les mélodies et les paroles du groupe québécois Harmonium. Tous les jeunes arboraient, moi (David A. Derlozki) y compris, du haut de mes dix ans, des pantalons aux couleurs vives dits «pattes d'éléphants», à cause de leur élargissement prononcé au niveau de la cheville.

Le Québec, à la différence d'autres sociétés occidentales, se trouvait aux prises avec un mouvement violent de libération, non seulement social mais également politique, qui prendrait différents noms, dont celui du Front de Libération du Québec (FLQ), et qui conduirait à l'assassinat d'un ministre du gouvernement de l'époque (le gouvernement Bourassa). L'Irlande n'était pas en reste puisque l'Ireland Republican Army (IRA) faisait aussi la vie dure au gouvernement britannique.

Nous venions d'émigrer au Canada: mon père – né à Belley, dans l'Ain, d'une famille française –, ma mère, canadienne de naissance, ma sœur et moi. Nous avions passé plusieurs années à Grenoble (France), où mon père était ingénieur en mécanique pour la société américaine Caterpillar. Ayant le mal de son pays, ma mère avait insisté, après huit ans de vie en France, pour revenir au Canada, en particulier au Québec. Nous avions donc quitté les montagnes de l'Isère et leur splendeur incomparable, les repas copieux aux riches saveurs, le pain, le vin et le reblochon de Savoie, et pour moi, des amis, un accent français qui allait me donner du fil à retordre une fois immergé dans la langue québécoise, et mon petit pantalon court en cuir de style Lederhosen qui allait tant faire rire mes nouveaux «camarades» et susciter leurs moqueries espiègles.

Ce retour aux sources fut une joie pour ma mère, mais ce fut par contre une période de douloureux sables mouvants pour moi, et qui durerait des années. J'avais beaucoup de mal à m'adapter à la culture québécoise: pour un enfant de dix ans qui avait été à l'école française, il était difficile de saisir le sens des nombreux anglicismes qui jonchent la langue québécoise, pourquoi mes camarades de classe s'acharnaient, littéralement, sur mon accent et mon habillement, et comment on arrivait à construire des phrases entières avec des mots empruntés à la liturgie catholique.

Avant de nous établir au Québec, nous avions fait un bref séjour à Cornwall, en Ontario, où on m'a inscrit à l'école anglaise; en fait, c'est là que j'ai commencé à ressentir la haine pour le petit Français que j'étais, plutôt qu'à la ville de Québec, où nous sommes allés nous établir quelques mois plus tard. Je passais mes journées à me battre et à me faire insulter: «fucking frog» en Ontario, puis «maudit Français» au Québec.

Aux nouvelles du soir à la télévision, on entendait parler de bombes dissimulées dans des boîtes aux lettres à Montréal, de pétitions contre le gouvernement et de désordre social. Pourquoi diable avions-nous quitté un pays où il faisait bon vivre, où nous pouvions aller faire du ski alpin pendant des heures sous le regard impassible et majestueux du mont Blanc, où tout paraissait, à mes yeux d'enfant, parfait, ordonné, joyeux?

C'est quelques années après notre retour au Québec que ma mère a commis l'irréparable: demander le divorce. En fait, ce n'est pas tellement dans cette demande que dans la façon dont elle l'a faite, appuyée par un système sourd, muet et aveugle à mes besoins et souhaits d'enfant, que les conséquences terribles de son geste sont apparues très vite.

J'allais apprendre à mes dépens que le couple est la fusion insolite de deux casse-têtes.

Ma mère et mon père se connaissaient depuis quinze ans. Dès leur première rencontre, ils avaient eu le coup de foudre, lui pour sa gentillesse à elle, elle pour son élégance et son charme européen bien à lui. Ils s'étaient mariés en bonne et due forme, et pas n'importe où... au Québec plutôt qu'en France. Le hasard avait voulu que mon père, en quête d'aventure, se soit retrouvé au Québec pour découvrir le froid, les mouffettes et le Seven-Up, une boisson qui n'existait pas en France à l'époque.

Fringant et curieux, mon père aimait l'aventure. Quand, durant la Deuxième Guerre mondiale, les Allemands avaient envahi la région où il vivait – en franchissant la ligne Maginot avec une facilité qui consterna les Français et le monde entier –, mon père avait rejoint la Résistance. Il avait combattu les Allemands en commettant des actes de sabotage ici et là, au péril de sa vie, pour suivre le leadership du général de Gaulle, exilé en Grande-Bretagne, qui refusait de plier devant un envahisseur barbare et sans pitié. Papa avait été fait prisonnier à au moins une reprise – sur l'île de Ré, à l'ouest de la France, puis était revenu de la guerre blessé au dos et épuisé. Mais il avait participé à la fin de la domination allemande, domination qu'avait imaginée Hitler à partir des années 1920, puis commencé à mettre en place au début des années 1930 en intensifiant la fabrication d'armement, de blindés Panzers, de «U-boats» et d'avions, ce qui contribua à faire passer le nombre de chômeurs allemands de trois millions à quelques dizaines de milliers seulement. La famille entière de papa, d'origine française, avait failli y passer: les Allemands avaient fait irruption un soir de 1944 dans la maison familiale, avaient encerclé tout le monde et avaient tout fouillé de fond en comble. Enfin, presque tout. Car heureusement, ils n'avaient pas trouvé les armes que mon père avait cachées – autrement, tout ce beau monde se serait fait fusiller sans autre formalité –, pas plus qu'ils n'avaient trouvé de traces de nos origines juives, très lointaines. Mon grand-père paternel, après bien des péripéties, avait temporairement changé le nom de famille que je porte aujour-d'hui pour «Dumais» et avait quitté le Bugey, une région de France située dans le département de l'Ain, pour commencer une nouvelle vie, sans histoire, près de Grenoble, dès 1935. C'est le chien de la famille qui avait prévenu mon père de l'arrivée des Allemands, et celui-ci avait tout juste eu le temps de préparer la maison et de camoufler soigneusement les armes.

Papa, donc, avait choisi l'aventure au Québec, et c'est là qu'il fit la connaissance de ma mère, une Québécoise appartenant à une des familles fondatrices du Canada. Elle était catholique, croyait aux valeurs de la charité et du bien, et respectait, disait-elle, les dix commandements, notamment qu'on ne doit ni mentir ni voler. Et pourtant, quinze années et deux enfants plus tard, mon père se faisait remettre un document qui l'accusait d'être un père violent, incapable, immoral, etc. L'avocat de ma mère «en avait beurré épais», comme on dit au Québec.

Mon père s'est retrouvé dans les griffes d'un système de jus-tice, ou plus exactement d'un système d'injustice, qui prétendait agir, lors du divorce de mes parents, dans mon intérêt (j'avais alors dix ans), mais qui a plutôt contribué à faire de ma vie un enfer pendant des années. La chaîne d'événements que la déci-sion de ma mère allait précipiter avec sa demande de divorce me marquerait pendant plus de quarante ans...

Le train qui déraille

....

LE SAMEDI 23 JUIN 2012 S'ANNONCE COMME UNE BELLE JOUR-
née ensoleillée à Montréal, une journée dont entend bien profiter
mon ami Maxime. Il vient tout juste de revenir de Barcelone où il
a passé deux mois. Expert-comptable spécialisé dans la fraude
financière, il a été envoyé en Espagne pour revoir les comptes
d'un client de la firme internationale pour laquelle il travaille.

Il a bien profité de son voyage européen. Barcelone, m'a-t-il
raconté, est une ville extraordinaire, qui n'a pas la richesse archi-
tecturale et historique de Paris, certes, mais qui est certainement
une des plus belles villes du monde. En mai et en juin, la tempé-
rature y est agréable même si elle est parfois suffocante. C'est le
mois d'août, et non pas les mois du printemps, qui, en brûlant
l'asphalte, fait s'étouffer les passants.

Aussitôt arrivé à Barcelone, Maxime s'est installé dans un
hôtel quatre étoiles en face de l'ancien Palais royal, devenu
musée de la Céramique, dans lequel on trouve des pièces ancien-
nes qui laissent deviner leur influence incontestable sur Pablo
Picasso et Salvador Dali. Puis, après sa journée de travail, il a
commencé à s'aventurer dans Barcelone, parcourant les grands
espaces de l'est de la ville, arpentant le mont Monjuic où se
déroulèrent la plupart des épreuves des Jeux olympiques de 1992
et pénétrant dans le tumulte touristique de la basse ville, près du
port. Il a admiré le fameux parc Güell, conçu par l'irremplaçable
Gaudi, qui présente un festin de couleurs avec ses colonnes, ses
bancs et ses structures tapissées de mosaïques constituées de
morceaux de porcelaine provenant des quatre coins de l'Espagne.

Rien au monde n'existe de plus beau, de plus rafraîchissant, de plus proche des hommes, a pensé Maxime, *que ce jardin mémorable.*

«Les jardins de Versailles sont d'un autre ordre, David, m'a-t-il expliqué. À Versailles, on sent l'étoffe de l'aristocratie, on est ébahi par le détail structurel. À Güell, on est pris au ventre par les couleurs et le travail manuel, voire *terrien*, si tu me permets, de toutes ces mosaïques. C'est incroyable, David, il faut que tu voies ça!»

Et on ne saurait passer sous silence les murs de quantité d'immeubles peints à la manière des fresques, de véritables tapis décoratifs.

«Le centre-ville grouille de monde. Il y a des gens partout. Mais c'est quand même propre! Et les gens sont agréables!» a ajouté Maxime à son retour, alors qu'il fait défiler devant moi, sur son appareil photo, les centaines d'images qu'il a prises et qui lui rappellent des souvenirs impérissables.

«Bon, mais tu as travaillé avec tout ça?» Je ne peux pas m'empêcher de le mettre au défi.

Il se redresse sur son siège, raidit son dos, lève le menton et m'assure qu'il a trimé dur. «Il faut joindre l'utile à l'agréable», explique-t-il.

Son statut de célibataire ne lui a pas nui et il avait les coudées franches pour aller là où il voulait, pour passer la nuit dans les bars à essayer de converser dans un catalan qu'il maîtrise assez mal, mais qui partage heureusement avec le français un grand nombre de mots.

Un mètre quatre-vingt-dix, cheveux blonds et courts (à part une frange épaisse), yeux bruns et carrure athlétique: Maxime était un bel homme que bien des femmes s'arrachaient du temps de ses vingt ans. À trente-cinq ans, il a rencontré, lors d'un voyage en Europe, celle dont il allait tomber follement amoureux avant de l'épouser à Ottawa, en Ontario, car c'est là que sa fiancée a décidé de s'installer à son arrivée au Canada. Très vite, cependant, le couple a déménagé à Montréal, à près de deux cents kilomètres d'Ottawa.

La lune de miel s'est malheureusement transformée en lune de fiel. Sa femme l'a quitté deux années auparavant, emmenant avec elle leur fille Fannie, ses jouets et ses vêtements, tout en l'accusant d'avoir été un père brutal, lui qui avait du mal à chasser un moustique posé sur sa peau, de peur de lui casser une patte. Le stratagème a cependant fonctionné: la mère a obtenu la garde par intérim de leur enfant et le paiement d'une pension alimentaire. Mais elle n'a pas réussi à obtenir la garde exclusive, car le processus de divorce n'est pas terminé; il reste des étapes à franchir, dont un examen de la santé mentale de monsieur par un psychiatre qu'il ne rencontrera probablement qu'une seule fois dans sa vie pendant une petite heure.

L'expérience a été douloureuse pour Maxime. À peine sorti de l'adolescence, il a eu un fils avec une femme qu'il a rapidement quittée, fils qu'il a vu de temps à autre et que Fannie a connu pendant quatre ans, avant qu'il ne meure dans un accident de voiture. Maxime parle très rarement de cet événement: c'est presque un sujet tabou.

Maxime aurait bien aimé emmener sa fille de huit ans avec lui à Barcelone, ne serait-ce que pour une semaine ou deux, mais il aurait fallu que les parents puissent s'entendre sur le transfert du passeport et le retour de la petite au Canada, avec un accompagnateur à choisir, Maxime devant rester à Barcelone.

«Dommage, m'a confié mon ami Maxime, ma petite aurait pu faire un séjour enrichissant et formidable à Barcelone. J'aurais pu la mettre dans un camp de jour, où elle se serait fait des amis et où elle aurait pu s'initier à l'espagnol (ou plus exactement au catalan), et le soir, nous serions allés admirer les fleurs du parc Güell. Mais au lieu de cela, l'argent a été sacrifié pour nourrir les avocats qui n'en finissent pas de jeter de l'huile sur le feu. J'aurais même pu emmener Fannie voir sa famille en Slovaquie. Tu te souviens, sa mère est originaire de Bratislava… Une semaine, c'est tout ce que je voulais, ça n'aurait tout de même pas chambardé son année scolaire.»

Désabusé par le système d'injustice, Maxime a accepté son sort et attend le jugement final. Il a cessé de discuter avec son ex, car il estime qu'il gaspille son temps, son énergie et sa salive. Il a mis fin au mandat de son avocat et a dit à la mère de garder tous ses biens, seulement pour avoir la paix. Il paie la pension alimentaire assidûment, même un an d'avance, et voit sa fille environ une fois tous les deux mois. Même si le jugement temporaire, qui n'octroie qu'une garde intérimaire et non exclusive à la mère, lui donne accès à sa fille une fin de semaine sur deux, en réalité, les choses ne se passent pas comme ça.

«Tu comprends, m'a-t-il expliqué, la mère a toujours une raison de me refuser l'accès. La petite est malade... elle a un tournoi de balle molle... elle doit aller chez une amie qui l'a invitée pour la fin de semaine pour un anniversaire…»

«Alors retourne devant le tribunal et fais valoir tes droits», me suis-je empressé de lui recommander.

«Ça, David, c'est croire que le système de justice, d'injustice, comme tu le dis si bien, travaille dans l'intérêt, justement, de la justice. J'ai dépensé des milliers de dollars, littéralement des mil-liers-de-dol-lars, pour que l'ordonnance d'accès à Fannie, ma petite, soit respectée. Mais c'est peine perdue. Le juge trouve toujours une explication en faveur de la mère: *Vous n'êtes pas lésé, à titre de père, si vous ne voyez pas votre fille pour une fin de semaine. Votre petite a l'occasion d'aller dormir et de s'amuser chez une de ses petites amies, pourquoi voudriez-vous l'en empêcher?*»

«Ouin», lui ai-je répondu avec mon accent québécois acquis à la dure et que j'affiche depuis quelques années déjà.

La logique du jugement donnant accès à Fannie ne vaut qu'en regard de la logique établie par un parfait étranger – un juge semble trouver normal que les milliers de dollars dépensés pour tenter de faire respecter une ordonnance du tribunal ne puissent pas servir à payer un voyage enrichissant à Barcelone ou encore des études supérieures à cette petite Fannie qui ira un jour à l'université.

Contre mauvaise fortune bon cœur, donc, et Maxime a pleinement profité de son voyage (dont les trois quarts étaient réservés au travail et le dernier quart au plaisir).

Revenu chez lui à Montréal, il a d'abord vidé sa valise, lavé ses vêtements, arrosé ses cactus, fait quelques provisions. Il s'est peu à peu réaccoutumé à son chez-lui, un appartement modeste près du Vieux-Montréal où il va désormais flâner le soir tout en gardant en mémoire les souvenirs de Barcelone la magnifique.

Il est allé chercher son courrier et l'a examiné brièvement. Des factures, des factures et encore des factures. Aucune lettre d'avocat, en tout cas pas de l'avocat de son ex. Bonne nouvelle. C'était devenu une habitude, m'a-t-il confié, de recevoir presque chaque semaine une lettre de l'avocat de son ex, l'accusant d'une peccadille : « Ma cliente m'apprend que vous n'avez pas ramené votre garçon (il voulait dire *fille* mais avait dû se tromper de dossier) à 19 heures 15, dimanche dernier, mais bien à 19 heures 30. Sachez que l'ordonnance du tribunal vous intime de respecter l'horaire. Votre retard a causé un préjudice grave à ma cliente qui s'est inquiétée pour son garçon (sa fille). Celui-ci (celle-ci) souffre inévitablement d'une telle atmosphère, et nous prendrons toutes les mesures nécessaires pour protéger ses intérêts. »

Et, invariablement, il se retrouve devant le tribunal avec une nouvelle accusation que le juge s'amuse à décortiquer, mâchouiller, puis régurgiter en faveur de la mère : 19 heures 15, c'est 19 heures 15.

« Oui, mais il y avait des embouteillages ! »

« Alors à vous de partir plus tôt de chez vous, monsieur », a sévèrement rétorqué le juge. Après tout, le juge a raison d'exprimer de la colère, du mépris et du dégoût. Dix-neuf heures quinze, c'est 19 heures 15. Maxime a dû rembourser les frais d'avocat à madame.

Puis, plus rien. La mère, estimant que quelques dizaines de milliers de dollars plus tard et deux ans d'acrimonie suffisaient, a coupé elle aussi le lien ombilical qui la liait à son avocat, lui qui avait pourtant défendu ses intérêts, et ceux de son garçon (sa fille Fannie) corps et âme (et peut-être surtout, corps et âme et porte-feuille), contre ce père abject et sans scrupules qui ne cherchait qu'à traumatiser son propre garçon (sa propre fille).

Une lettre, cependant, quasi camouflée par la multitude de factures, attire l'attention de Maxime. Elle vient d'un bureau d'avocats. *Ça, c'est jamais bon signe,* pense-t-il. De son point de vue, les avocats sont les êtres les plus ignobles de la planète. Je ne peux pas le lui reprocher, car je vois bien, à mesure que j'écoute les mésaventures de Maxime, qu'il y a une ressemblance entre les techniques de harcèlement juridique des avocats à son égard et les manœuvres qu'utilisaient les nazis à l'égard des Juifs d'Allemagne dans les années 1920-1930. Le danger, bien sûr, c'est que de pareilles manœuvres ne peuvent que dégénérer: les Allemands ne s'en sont pas privés lorsqu'ils ont envahi la Pologne en 1939. Ce fut une atrocité après l'autre. Alors que les Juifs représentaient moins de 1% de la population de l'Allemagne à l'époque, ils constituaient près de 25% de la population polonaise. Les SA allemands avaient de quoi se mettre sous la dent et sous la baïonnette. Et ils y allèrent gaiement. Sans compter les 40 millions de Soviets qu'Hitler a planifié de faire crever de faim; il entreprit cette mission anti-humanitaire lorsqu'il décida de s'en prendre aux Slaves jugés inférieurs. Ne pas avoir fait cesser les abus, dès le départ (en éliminant Hitler) a été une invitation à continuer, à renchérir, à aggraver les choses. La même logique s'applique en droit familial.

«Tu y vas un peu fort», m'a reproché Maxime.

«Peut-être, mais quand on laisse le poison social se répandre, il se renforce par lui-même. C'est comme une bactérie mangeuse de chair.»

Le fait d'être Juif moi-même (d'un ancêtre lointain) n'influence pas mon propos, du moins je le pense. Pour ma part, je crois que tous les hommes sont égaux, et je reconnais la grandeur des hommes autant dans les apports sociaux d'Albert Einstein et de Steven Spielberg que dans ceux de bien des Canadiens francophones dans le domaine des sports (comme Gaétan Boucher ou Mario Lemieux), des arts (Céline Dion, Claude Jutra, Jean-Paul Riopelle), des affaires (Guy Laliberté – fondateur du Cirque du Soleil, Paul Desmarais Sr., Jean Coutu) entre autres. La société québécoise, même si elle n'a pas accepté mon accent français quand j'avais dix ans, est bien une société tout à fait exceptionnelle, destinée à accomplir de grandes choses.

Ni Maxime ni moi n'imaginons que j'aie vu juste en ce qui a trait aux comparaisons entre notre système d'injustice et les nazis. Cette lettre d'un bureau d'avocats inconnu, Maxime la regarde attentivement puis décide de ne pas l'ouvrir. En fait, il la met de côté et est même tenté, après une semaine, de la jeter sans la lire. Rien, absolument rien de ce que lui a fait parvenir l'ex-avocat de son ex-femme pendant les ex-périodes de communication ne contenait le moindre soupçon d'espoir, de gros bon sens, bref quelque chose de positif. Ouvrir cette enveloppe, qui semble désireuse de révéler son contenu, ne lui causera que des problèmes, il le sait déjà. Mais la lettre est là, impatiente d'être ouverte.

Une nuit, peut-être quelques jours après son retour de Barcelone, alors qu'il vient de se plonger dans un nouveau dossier et qu'il s'est remis au rythme de Montréal, il se lève. Il a soif et va se chercher un verre d'eau. Juillet peut être chaud, mais il est surtout humide à Montréal. En revenant vers sa chambre à coucher, après avoir été temporairement aveuglé par la lumière pourtant discrète du réfrigérateur, il est arrêté par l'ombre bleutée de la lettre coupable, celle qui attend toujours impatiemment qu'on l'ouvre.

Lettre vue, lettre ouverte.

Maxime allume la lampe adjacente au canapé sur lequel il vient de s'asseoir. Une première lecture rapide de la lettre, à la lueur des lampadaires de la rue, ne permet pas à Maxime de se faire une idée précise de son contenu. Il lui faut la relire avec plus de lumière.

La lettre ne parle pas de son fils (sa fille Fannie), ce qui est déjà un progrès considérable. Mais, au grand dam de Maxime, elle fait référence à son ex, Maria. Sa prémonition est en train de s'avérer. Le sang lui monte à la tête. Que lui veut-elle encore? N'aura-t-il donc jamais la paix? Les fantômes des deux années passées, jaillissant de la boîte à surprises du système d'injustice, ressurgissent dans toute leur splendeur morbide et tordue, là, devant lui, tourbillonnant bientôt autour de son cerveau à demi endormi, tel un essaim d'abeilles. C'est à n'y rien comprendre :

«Monsieur,

Bien que je ne vous représente pas, j'ai été approché par madame Maria V. pour discuter de votre fille. J'estime qu'il est de mon devoir de vous faire suivre le document que madame Maria V. m'a fait parvenir. Notez cependant que je n'exerce pas le droit matrimonial et que je ne pourrai donc pas vous représenter… blablabla.»

Cette lettre tout à fait incompréhensible provoque un stress immédiat chez Maxime, au point d'ailleurs où il a du mal à se rendormir. Le matin même, il me téléphone.

«David, tu ne devineras jamais!»

«En effet... Tu as vu l'heure? Cinq heures du matin! On ne se voit pas au bureau à 8 heures 30?»

Bon, je ne vous l'ai pas encore dit, je suis moi aussi expert-comptable, et je travaille dans le même bureau que Maxime, lequel est devenu un ami proche au fil des ans. Bien sûr, j'ai connu sa Maria et, bien franchement, je ne pensais jamais qu'elle s'abaisserait au niveau où son ex-avocat l'a amenée en la laissant croire au Klondike des pensions alimentaires, aux droits absolus des femmes et à la suprématie du non-sens.

«Oui, oui, David. Mais écoute…»

Maxime me lit la lettre. Je lui dis qu'il s'agit probablement d'une mauvaise plaisanterie et que, comme cet avocat ne représente personne, ni son ex ni lui ni Dieu, il n'a pas à donner suite à la lettre. En plus, l'avocat pratique le Code Napoléon (il est établi au Québec) et Maxime s'est marié en Ontario, qui utilise la common law. Mais il y a autre chose.

«Quoi d'autre?»

«La lettre est accompagnée d'une ordonnance du tribunal… du juge Daly.»

Maxime m'explique qu'à la lettre mystérieuse de cet avocat québécois qui ne représente personne (sinon peut-être le diable, qui sait) est jointe une ordonnance récente du tribunal, datée du 12 juin, qui octroie exclusivement à la mère, Maria V., slovaque de naissance, le passeport de Fannie, huit ans, et une permission de sortir du pays, probablement pour des vacances.

Maxime et moi pensons qu'il y a erreur sur la personne. Après tout, l'ex-avocat de son ex-femme a combattu de tout son ex-cœur pour les intérêts du garçon qui n'en était pas un, puisqu'il s'agissait d'une fille – Fannie, huit ans.

Je recommande à Maxime de se calmer et de téléphoner à l'avocat messager pour savoir de quoi il retourne.

La surprise qui attend Maxime est de taille à terrasser un éléphant…

La boîte de thon avarié

BIEN DES CANADIENS SE SOUVIENDRONT DU SCANDALE DU thon avarié, provoqué par une grande société qui avait tenté d'écouler au Canada des boîtes de thon en conserve qu'elle savait incomestible.

Maxime est en train de se faire offrir une boîte de thon avarié sur un plateau d'argent. Et cela ne peut que me rappeler des souvenirs douloureux. Car ce qu'il me raconte de la «défense» des droits de sa petite Fannie, orchestrée par les avocats et juges auxquels il fait face, me replonge dans la même dynamique destructrice par laquelle je suis passé, d'abord enfant puis adolescent, lors du divorce de mes parents. Bref, je ne veux pas qu'il arrive à Fannie ce qui m'est arrivé, mais c'est malheureusement ce qui est en train de se préparer. Je connais bien la petite Fannie, toute menue et même frêle, qui adore regarder le ciel et y découvrir les formes enchanteresses, comme peut-être la nébuleuse d'Orion, qui s'y dessinent. Avec son visage empreint de candeur, ses grands yeux bleus remplis de curiosité, ses cheveux bouclés, son rire enchanteur et communicatif et ses manières de petite fille qui cherche à plaire, on ne peut pas ne pas l'adorer. Ma femme et moi l'avons gardée à plusieurs reprises. Fannie rêve de devenir plombière, alors nous la surnommons l'apprentie plombière.

Les aventures de Maxime me peinent, mais je m'inquiète surtout pour la petite Fannie. Oui, ç'aurait été formidable qu'elle puisse aller passer une semaine à Barcelone, et non, cela ne l'aurait en rien traumatisée pas plus que cela n'aurait mis en péril son année scolaire. Maxime a passé les deux dernières années à payer une pension alimentaire que son ex s'empressait de dépenser non pas pour nourrir ou habiller la petite, mais bien pour nourrir et habiller son ex-avocat qui, lui, riait dans sa barbe. En d'autres termes, depuis deux ans déjà, Maxime paie pour se faire poursuivre devant les tribunaux, et ce, bien malgré lui. Il se tire lui-même dans le pied et, en plus, il est régulièrement condamné à rembourser les frais d'avocat de madame. Dix-neuf heures quinze, c'est 19 heures 15, que voulez-vous.

Sauf que, pour l'amour du ciel, à quoi cela rime-t-il? Je suis bien placé pour savoir qu'on ne gâche pas une enfance sans en payer ultimement les conséquences. Au bout du compte, la mère, le père et les enfants de l'union souffrent des actes de sabotage familiaux, pendant que des avocats et des juges aux racines psychologiques fascisantes se régalent de pina colada sous le soleil de Cuba, aux frais surtout de monsieur, c'est-à-dire, dans ce cas-ci, de Maxime.

Que va-t-il arriver à cette âme tendre, à cette Fannie tout innocente? Je le sais trop bien. Ma propre mère, celle qui devait prendre soin de moi quand j'étais enfant, m'a jeté dans les mâchoires d'un monde vil et incompréhensible avec sa demande de divorce.

Certes, elle est sortie victorieuse et gonflée à bloc de son expérience devant les tribunaux, où elle a pu étaler les quinze dernières années de sa vie au compte-gouttes, énumérant les moindres faits et gestes, paroles et écrits de mon père pour montrer comment elle, la pauvre victime, a souffert et comment cela a mis en péril la santé mentale de ses enfants. Elle a réussi à tisser un lien ténu entre un repas médiocre qu'avait cuisiné papa sept années plus tôt et l'avenir émotionnel de ma sœur et moi, sous le regard approbateur, l'oreille attentive et l'esprit incendié d'un juge payé près de 200 000 $ par année.

On hypnotise un cobra de la même façon en Inde – avec un air de flûte enchanteur. Sauf qu'entre faire sortir un serpent d'un panier en osier et dire à un inconnu tout habillé de noir que mon avenir reposait sur un repas raté alors que j'avais trois ans ne devrait pas exactement relever de la même entourloupette intellectuelle.

Quoi qu'il en soit, ma mère s'est retrouvée avec tous les biens familiaux et la garde exclusive de ses enfants chéris. Elle croyait que cela allait la rendre heureuse. Mal lui en prit: je n'ai jamais vu ma mère heureuse, et ce, jusqu'à sa mort. En se plongeant dans le système judiciaire qui vidait les poches financières de son ex, elle n'a réussi qu'une chose: s'aliéner elle-même et s'aliéner ses propres enfants.

Fannie va-t-elle vivre la même expérience traumatisante, puisqu'un juge lui a permis de sortir du pays sans l'accord de son père? Où va-t-elle finir?

Si, au lieu de croire les balivernes, aussi bien articulées fussent-elles, de ma mère et de son avocat, le juge avait fait son devoir – c'est-à-dire s'il avait vérifié les antécédents de ma mère plutôt que d'opter pour la facilité –, il aurait probablement rendu un jugement différent. Du reste, comment ma mère pouvait-elle espérer coopérer avec mon père après avoir dilapidé quinze années de vie commune, après l'avoir insulté devant des inconnus tout-puissants et après l'avoir décrit comme un danger pour ses propres enfants?

Bref, le système d'injustice a obtenu exactement le contraire de ce qu'il voulait obtenir – forcer à rapprocher le père de ses enfants, mais ce, en étant fondamentalement malhonnête. Ça ne tient pas.

Papa fit ce qu'il lui restait à faire: il fit le mort et je n'en entendis plus parler pendant douze années. Pourquoi diable irait-il se jeter dans la gueule du loup (ou de la louve plus exactement) en tentant de voir ses enfants, alors qu'on venait de confirmer qu'il représentait une menace intolérable pour eux? Pourquoi diable accepterait-il de vivre avec une épée de Damoclès au-dessus de la nuque? C'était courir après les problèmes et même risquer de se faire jeter en prison, car la mère (ma mère) n'aurait visiblement pas hésité à l'accuser de quelque méfait que ce soit… et les juges n'auraient pas hésité à lui donner aveuglément raison.

C'en était fait de mon enfance que le système d'injustice prétendait protéger.

Dès ma naissance, ma mère a fait une dépression majeure qui l'a conduite dans un institut psychiatrique de Montréal. S'agissait-il d'une dépression post-partum? Je n'en ai aucune idée.

Mais je sais une chose. À partir de l'âge de vingt ans, j'ai commencé à faire des rêves dans lesquels apparaissait une nourrice, assez corpulente mais pas obèse, et je me revoyais nourrisson. À l'école, pendant les cours de comptabilité ou de finance, il m'arrivait même de ressentir de l'intérieur cette présence maternelle sans nom et sans visage. Je trouvais cela très étrange et je n'arrivais pas à interpréter ces vagues d'images et de double sensation: celle d'être en présence d'une nourrice et celle d'être un nourrisson. J'ai fait des lectures sur l'interprétation des rêves et sur la technique du cri primal (que j'ai tenté de pratiquer un soir dans un métro de Montréal… sans succès), mais aucune explication n'a réussi à me convaincre que je divaguais ou que j'étais en manque d'une mère, d'un sein ou de tout autre attrait féminin.

Le problème, oui, le problème venait de ce qu'on m'avait caché.

De plus en plus curieux, j'ai décidé un jour d'interroger un de mes oncles, le frère cadet de ma mère. C'est lui qui m'a dit que ma mère avait fait une dépression qui avait duré environ un an à ma naissance. Mais j'ai appris aussi qu'on nous avait placés en foyer d'accueil, car mon père avait alors commencé un nouvel emploi en France, chez Caterpillar. Se pouvait-il que ces souvenirs de nourrice soient l'expression d'une réalité vieille de vingt ans? Je n'en doutais point, car à partir du moment où je m'en suis rendu compte, les rêves de la nourrice se sont estompés et ne m'ont plus jamais fait la même impression d'un vide et d'un refoulement émotionnel primaire tout à la fois. Après une année d'adoption, ma mère nous avait repris et nous nous étions envolés rejoindre mon père en France. La famille était de nouveau réunie.

C'était quand même à la fois inusité, magique et incroyable que, du fond de ma mémoire, là où les mots n'existaient pas encore et n'existeraient jamais, le souvenir d'une personne, qui avait dû être chère au nourrisson vulnérable et sensible que j'étais, revienne me hanter.

Malheureusement, ma mère ferait d'autres séjours à l'hôpital psychiatrique, qui allait plus ou moins devenir sa demeure permanente pendant trente ans. Ma sœur et moi, accompagnés de ma mère, étions maintenant aux côtés de mon père en France pour y vivre des années somme toute très agréables. Étrangement, ma mère se portait bien à Grenoble. Elle se sentait dans son élément, appréciée, jouant peut-être même à la grande dame. Mais, peu avant sa demande de divorce, alors que nous venions d'émigrer au Canada en 1969, ma mère avait fait une autre dépression qui avait duré plusieurs mois. Le terrible souvenir qui m'est resté de son séjour à l'hôpital psychiatrique a été le jour où mon père nous a emmenés lui rendre visite.

«Les enfants, allons voir maman!»

«Youpi!» s'était exclamée ma sœur, sans savoir ce qui l'attendait.

Nous étions montés dans la voiture, une vieille «coccinelle» noire (mon père s'était visiblement réconcilié avec la culture allemande) dont le design nous fascinait, et nous étions très impatients de revoir notre mère. Mon père avait appuyé sur un bouton du tableau de bord et la musique de l'opéra Carmen avait débuté, comme par magie.

Dès mon arrivée dans l'unité psychiatrique où ma mère séjournait (elle passait son temps à se brûler les avant-bras avec des cigarettes; c'était une fumeuse invétérée et une artiste du tatouage à sa manière), elle m'avait saisi contre elle si fort qu'elle avait failli m'étouffer. Je me souviens encore d'avoir eu le visage écrasé entre deux seins et de ne plus être capable de respirer. J'avais eu une frousse incroyable et mon père avait dû s'interposer en toute hâte.

Enfant, j'ai toujours gardé la sensation, la certitude que ma propre mère avait voulu m'étouffer. Pareil sentiment n'est guère plaisant, je dois l'admettre. Dès lors, je n'ai plus jamais aimé ma mère. Et ce que j'allais apprendre de ses démarches pour obtenir le divorce n'allait qu'alimenter ce dégoût profond, cette gêne intolérable, cette réalisation cruelle qu'elle avait voulu me tuer. C'était et cela demeure terrible quand même: un enfant qui a peur de sa mère. À partir de ce jour, je crois, mais qui sait peut-être avant, toute communication avec ma mère a été coupée. Plus aucune confiance ne passait entre elle et moi, pas même un soupçon d'amour, de respect ou d'attachement maternel – rien. Elle ne me manifestait, du reste, que très peu de marques d'affection depuis mon plus jeune âge, et je n'ai probablement pas eu beaucoup de mal à me convaincre qu'elle ne m'aimait pas, et même que, à la suite de cette tentative d'étouffement, volontaire ou non, elle représentait un danger pour moi.

De cela, le juge saisi de la cause du divorce ne savait rien. Pourtant, s'ils voulaient vraiment le bien-être des enfants, lui et l'avocat, qui représentaient indirectement ou directement ma mère, n'auraient-ils pas dû être au courant de ces faits? Comment des étrangers qui se contentent d'appliquer les théories à la mode, c'est-à-dire de diaboliser le père, pouvaient-ils, dans une société dite évoluée, me laisser aux prises avec une mère qui avait tenté de m'étouffer, qui ne m'aimait pas, qui fréquentait les hôpitaux psychiatriques comme on fréquente des établissements de restauration rapide?

Aussitôt qu'elle a obtenu la garde exclusive de ses enfants, ma mère nous a placés en adoption – ce qui ne saurait surprendre – et s'est enfoncée dans une autre série de dépressions. Alors bravo! au système d'injustice qui prétend vouloir le bien-être des enfants. Bravo, bravo, bravo, mille fois bravo!

Il aura suffi de quelques minutes devant un juge insouciant, et d'un affidavit soigneusement préparé par un avocat sans scrupules, pour que je sois projeté dans le vide émotionnel le plus complet, séparé à présent de ma sœur, de ma mère et de mon père, presque à tout jamais, sous prétexte de défendre mes intérêts.

Mais mon chemin de croix n'allait pas s'arrêter là, bien au contraire. Pendant les années qui ont suivi (j'avais été adopté par une famille de Québec que je remercie encore aujourd'hui pour toute sa gentillesse), j'ai dû me taper des visites chez ma mère, qui vivait à Montréal, une fin de semaine sur deux. Je montais donc les marches de l'autobus à Québec le vendredi soir, presque à reculons, car je savais que j'allais vivre dans la peur et le dégoût pendant toute la fin de semaine à Montréal, et je redescendais les marches d'un autre autobus le dimanche soir, à Québec cette fois, en esquissant un sourire artificiel de bonheur.

Plutôt que de vivre une enfance normale et heureuse, j'ai appris à mentir pour n'offusquer personne. Bien sûr que j'avais hâte de voir ma mère – celle qui cherchait à m'étouffer et qui se spécialisait dans l'ingurgitation de valium et d'antidépresseurs à s'en rendre comateuse –, bien sûr que j'avais passé une superbe fin de semaine. À l'école, les enfants riaient de moi, me sachant adopté, et ils me criaient des insultes. Bref, je me retrouvais dans la même situation qu'à mon arrivée au Canada, au milieu des bagarres incessantes. De maudit Français, j'étais maintenant passé au paria sans nom de famille.

À partir de l'âge de quatorze ans, mon rôle d'enfant a changé. À peine entré dans l'adolescence, la voix muant par sauts sporadiques, j'ai poursuivi presque par culpabilité ces visites à Montréal, lesquelles consistaient alors à emmener ma mère à l'hôpital psychiatrique où elle recevait des électrochocs, une méthode thérapeutique courante à l'époque. J'invite ceux d'entre vous qui ont vu le film *Vol au-dessus d'un nid de coucou* à se souvenir de Jack Nicholson lorsqu'il reçoit des électrochocs et à se souvenir aussi de l'épisode où il feint d'être en état de choc. Pour ma mère, ce n'était pas un film : c'était sa réalité et la mienne, et je n'avais que quatorze ans. Sans compter les fois où elle m'a traîné chez son psychiatre, un Italien de Westmount, où, pendant des sessions interminables, elle m'accusait de tous les torts du monde, sous le regard impassible d'un être qui voyait joyeusement la facture s'allonger.

Ma sœur, que je ne revis qu'à peine deux jours après ces épisodes manufacturés par un système d'injustice soi-disant à l'avant-garde de la défense des enfants, n'a pas eu à jouer ce rôle d'infirmière psychiatrique, mais d'importantes séquelles, sur lesquelles je reviendrai, l'ont marquée à jamais. Peut-être Fannie va-t-elle finir comme ma sœur, non pas au Canada mais quelque part en Slovaquie ?

Ma mère, parcourue de cicatrices auto-infligées, sortait des séances d'électrochocs abasourdie, avec des brûlures partielles sur chaque tempe. Elle se traînait les pieds sur le sol comme une vieille Chinoise dont les pantoufles jouent le rôle de vadrouille, et avait ce regard hagard et menaçant tout à la fois qui est si typique des maniaco-dépressifs. Un regard vitré sans fond et sans vie humaine. Alors, encore une fois, bravo ! au système d'injustice qui prétendait agir dans le meilleur intérêt des enfants. À l'âge de dix ans, je m'étais retrouvé, tout comme ma sœur, sans famille, puis, à l'âge de quatorze ans, maquillé seulement de quelques poils au menton, on m'avait transformé en expert infirmier pour une personne dont on savait depuis ma naissance qu'elle était un danger pour les autres et pour elle-même. Je ne pouvais m'empêcher de penser à ma sœur lorsque Maxime me parlait de sa Fannie, et maintenant, l'inverse se produisait : je ne pouvais m'empêcher de penser à Fannie lorsque je revoyais les images de ma sœur dans mon esprit tourmenté.

Pour m'éviter pareille enfance et pareille adolescence, il aurait suffi au juge de respecter les principes scientifiques qui l'obligeaient à vérifier les faits au lieu de gober n'importe quelle idiotie que lançait une mère en «s'autovictimisant», et de faire preuve d'intégrité plutôt que de chercher à protéger son statut et sa retraite. Mais c'est beaucoup trop demander à un système d'injustice qui se plaît à se remplir les poches sur le dos des gens vulnérables. La comparaison la plus frappante, encore une fois, est celle des nazis : ils forçaient les Juifs à rester dans des ghettos où les conditions devenaient rapidement insalubres pour justement pouvoir dire, par la suite : «Regardez comme ils sont sales, voilà pourquoi il faut les éliminer.» Cette fabrication artificielle des faits servait ultimement le génocide non seulement des Juifs, mais aussi des homosexuels, des malades, des gitans et des jumeaux, tout comme la fabrication artificielle du père monstrueux par le système d'injustice contribuait, dans les années soixante-dix et encore de nos jours, à perpétrer un génocide de l'enfance. Je ne crois pas exagérer en faisant cette comparaison : mettez-vous un instant dans ma peau. Comment peut-on justifier qu'un adolescent de quatorze ans soit, une fin de semaine sur deux, responsable d'emmener une mère qui multiplie les tentatives de suicide aux cocktails de médicaments à des sessions d'électrochocs?

Bien sûr, je garde toutes ces expériences malheureuses pour moi. C'est mon secret bien gardé. Personne n'en a jamais rien su. Même ma femme, Brigitte, ne connaît que des détails partiels de cette enfance manquée, broyée par la cupidité d'une société qui se dit civilisée. Pourtant, Brigitte est la personne la plus qualifiée pour venir au secours de ma détresse interne. Elle est maître dans l'art d'exprimer ses sentiments et ses opinions; elle a le souci d'aider les autres. Lorsque nous nous disputons, elle manifeste son accord avec moi de manière non verbale, comme pour m'amadouer en douceur; elle me coupe moins souvent la parole que je ne le fais. Elle me reproche mon manque de sensibilité et pleure parfois, alors que, moi, j'ai plutôt tendance à trouver dans la logique froide une porte de salut. J'ai eu souvent à remercier Brigitte de son appui; être amoureux, c'est savoir dire et redire merci à l'autre.

Ces expériences traumatisantes m'ont fait plonger dans un océan de culpabilité et de honte dont il m'a été difficile de m'extraire. Quel enfant est prêt à dire haut et fort: «Mon père est cruel, c'est l'avocat qui le dit, et le juge est d'accord, et pour me punir, on m'a fait adopter!» Quel adolescent, qui normalement veut passer son temps à faire du sport, est prêt à dire à ses amis: «Vraiment content, les mecs, que vous ayez pu passer la fin de semaine à un tournoi de hockey à cinq cents kilomètres d'ici… pendant que, moi, je me suis tapé cinq cents kilomètres pour jouer à *Vol au-dessus d'un nid de coucou* à Montréal.»

Celui qui doit avoir honte, ce n'est pas moi, c'est l'avocat qui «voulait» mon bien-être et le juge qui a embrassé sa cause et qui s'en est léché les babines.

Est-il besoin de préciser que toutes ces péripéties émotionnelles m'ont causé un stress énorme? C'est peut-être en développant de l'arthrose, par effet somatique, que j'ai laissé la soupape s'ouvrir toute grande pour que sorte la pression affective. Dès mon adolescence, en effet, j'ai commencé à souffrir de graves maux de dos et de jambes qui m'affligent encore aujourd'hui et qui laissent des traces indélébiles dont les rayons X et les images de résonance magnétique ne peuvent que témoigner, rendant un verdict implacable d'invalidité partielle qui empire d'année en année. Mes os sont prématurément usés, ils s'effritent et me causent des douleurs persistantes, m'empêchant même parfois de marcher. Ma sœur, d'après ce que je sais, a choisi l'univers de la haute couture, pour reprendre une expression du groupe de musique des années 1970, Aut'chose, dans sa chanson «Une saison en enfer»: ses avant-bras servent de terrain de prédilection aux piqûres à la morphine.

Bravo! encore une fois au système d'injustice.

Et voilà que le même esprit maléfique de ce système d'injustice s'en prend à présent à une petite fille de huit ans, Fannie, au grand désespoir de Maxime, son père et mon ami. Comment pourrais-je ne pas sympathiser?

Une réalité tout irréelle

. . . .

MAXIME SE RÉVEILLE EN SURSAUT, À 3 HEURES DU MATIN, CE mardi 3 juillet 2012. Il sue abondamment, mais surtout il a l'impression d'avoir un hippopotame confortablement assis sur sa poitrine. Il a peine à retrouver son souffle. Dix secondes après la dernière inspiration réussie, il se débat pour tenter d'inspirer de nouveau, comme si l'oxygène refusait de pénétrer dans ses poumons saturés de monoxyde de carbone. Son visage vire au violet dans une scène où son appartement, dénué d'à peu près tout sauf un matelas, des cactus, un canapé troué, une petite table et une lampe, est baigné de cette teinte bleutée qui traduit une nuit où règnent en maître une demi-lune et un ciel sans nuages. Ses yeux semblent lui sortir de la tête. Il se saisit le cou des deux mains, tentant désespérément d'absorber cet air qui se raréfie.

Pris de panique, pensant être sur le point de mourir, il écarte sa bouche de ses deux mains comme pour l'ouvrir plus grande encore, croyant ainsi ensorceler son corps pour le forcer à accepter que l'oxygène y pénètre. Mais c'est peine perdue : plus il se débat, plus il a l'impression que les parois internes de son larynx se collent l'une contre l'autre, fermant définitivement la voie au passage de cet air vital. Quand finalement un peu d'oxygène arrive à s'infiltrer dans ses poumons, il en paie le prix : ses poumons récompensés tentent désespérément d'en absorber davantage, provoquant la réaction de fermeture des parois de son larynx. Il finit par tomber du lit, se tordant sur le plancher froid de lattes de bois usées et sales, se débattant tant bien que mal.

Au bout de quelques secondes à l'horloge du temps, de minutes sans doute à son esprit, d'heures certainement à son corps exténué, il arrive à retrouver, de peine et de misère, des espaces de souffle qui s'allongent de plus en plus, croyant se soulager en crachant de temps à autre, comme pour apporter du liquide salvateur à son larynx qui semblait s'assécher de lui-même.

Peu à peu, donc, Maxime retrouve son souffle et ses esprits, sans comprendre ce qui lui est arrivé, mais redoutant que l'expérience se répète, que les parois de son larynx s'étreignent une nouvelle fois, que ses poumons s'atrophient, que ses yeux se remplissent d'un sang qui laisserait présager une mort subite et douloureuse.

Il parvient à se lever et, titubant, se rend à la petite cuisine où il se sert un verre d'eau. Il boit lentement, gorgée par gorgée, cette eau salvatrice, tout en essayant de se calmer, essuyant du revers du coude les larmes qui coulent inexorablement de ses yeux meurtris, et tentant de prendre de grandes inspirations savamment contrôlées.

Que lui est-il arrivé? Il n'en a aucune idée. Il se sent moins inquiet, certes, mais il ne comprend pas quel sort mystérieux s'est abattu sur lui sans avertissement, en pleine nuit un mardi, à quelques heures de devoir aller au boulot.

Il finit par se rendormir, épuisé, et se réveille trois heures plus tard pour se préparer à se rendre au travail.

De Maxime, je n'ai aucune nouvelle cette journée-là. Je suis inquiet pour sa Fannie, mais je n'ose pas lui téléphoner depuis mon poste de travail ni franchir les deux étages qui séparent son bureau du mien. C'est comme si j'avais peur de le déranger. Peut-être a-t-il besoin qu'on le laisse seul? J'espère le rencontrer «par hasard» à la cafétéria, mais je ne l'y vois pas. Je me rends aussi à la bibliothèque immense où notre entreprise conserve des dossiers et des livres sur les fraudes financières et à laquelle seul un nombre privilégié de cadres supérieurs, dont Maxime et moi, ont accès. Mais en vain. Je ne vois pas plus Maxime cette journée-là que la veille.

Maxime rentre chez lui très tôt ce mardi-là, se fait un thé et mange des sushis achetés au magasin du coin – il adore la cuisine nippone. Il se sent à l'étroit dans son appartement qui n'est que le pâle reflet de la belle maison dans laquelle il a vécu des moments heureux avec son ex-femme, Maria V., qui en a hérité à la suite du jugement du tribunal : la maison matrimoniale va à la mère, l'enfant va à la mère, les biens vont à la mère et les droits parentaux vont à la mère. Les droits parentaux, pense-t-il, sont donc à sens unique et ne traduisent ni le mot «droits» ni le mot «parentaux». Il passe la soirée à réfléchir au système d'injustice à cause duquel sa Fannie a peut-être quitté le pays, à son insu.

Il n'ose pas téléphoner à des connaissances, à l'école primaire que fréquente Fannie, ni à quiconque. Il ne veut pas avoir l'air d'un père enragé qui panique pour rien. Il ne veut surtout pas téléphoner à Maria V., car celle-ci s'est fait une spécialité de l'accuser de harcèlement, et son avocat de le faire convoquer devant un tribunal pour justifier cette accusation de toutes les manières tordues possibles. Et les juges d'acquiescer avec empathie et magnanimité que c'était parfaitement inadmissible qu'un père de famille veuille communiquer avec sa fille au téléphone ou avec la mère pour discuter du calendrier des prochaines rencontres avec Fannie.

Non, se dit-il, *il vaut mieux attendre, ne rien précipiter, ne pas me mettre dans une situation où on m'accusera, encore une fois, d'être un homme violent, un homme dangereux dont on ne peut prédire les prochaines sautes d'humeur, une peste immonde qui ne cherche qu'à empoisonner la vie de sa fille de huit ans et celle de la pauvre Maria V., victime pendant si longtemps de ma présence écrasante et de mes tentatives de contrôle sataniques.*

Enfoncé dans son vieux canapé percé, Maxime essaie de se raisonner, saisit une liasse de documents rapportés du bureau et se met à travailler. Après tout, il n'a pas été très productif pendant la journée. Mais finalement, il s'endort sans s'être brossé les dents, sans avoir enfilé son pyjama et sans avoir déplié les draps de son lit. Vers les deux heures du matin, la crise qui l'avait extirpé de son sommeil la nuit précédente le saisit encore une fois. Maxime n'en revient pas. De nouveau, il se retrouve couché sur le sol, cherchant désespérément à inspirer ne serait-ce qu'une molécule d'oxygène. De nouveau, son visage vire au violet, ses yeux lui semblent sortir de leur orbite, la mort lui paraît imminente. De nouveau, il crache, vomit presque, se saisit la gorge, crie au secours avec sa seule voix disponible: son angoisse profonde.

Il se calme enfin et, comme le jour précédent, il retourne au travail pour rentrer chez lui le soir avec l'angoisse terrible que ses crises inexpliquées se reproduisent. Après quatre nuits de ce régime abominable, Maxime, épuisé, qui refuse de répondre à mes appels ou de me retrouver comme d'habitude à la cafétéria de l'entreprise, se rend à l'hôpital. Une fois à la salle d'urgence, où il doit expliquer la raison de sa visite et les symptômes de son malaise, la réceptionniste lui dit:

«Votre temps d'attente est de douze heures… au minimum.»

«Mais il n'y a que trois personnes dans la salle d'urgence», rétorque Maxime, surpris par ce temps d'attente qui ne justifie pas, à ses yeux, le terme de *salle d'urgence*.

La réceptionniste aux cheveux très noirs et à la peau olivâtre en a vu d'autres, de ces malades ou pseudo-malades qui viennent encombrer le système de santé québécois et qui se plaignent pour rien. Aussi, lui répond-elle d'un ton peu amène, la bouche à moitié remplie d'un Jos Louis, dessert fétiche à saveur de guimauve et de chocolat de la marque québécoise Vachon:

«Prenez un numéro, là, et attendez votre tour. On n'est pas… des esclaves ici.»

Puis elle rit dans sa barbe (il se trouve qu'elle en a une, souffrant d'un excès de pilosité faciale) et lui indique du revers de la main de «dégager», c'est-à-dire d'aller chercher son numéro à la petite machine distributrice adjacente et de se taire.

Douze heures d'attente, c'est beaucoup trop. Il ne sera pas sorti avant 13 heures étant donné qu'il est arrivé à la salle d'urgence à 1 heure. Il a du travail à faire – car il s'est décidé à travailler le dimanche. Maxime saute donc dans sa voiture, la seule chose qu'il a pu rescaper du divorce, non sans avoir dû convaincre le juge que la mère, Maria V., n'avait après tout pas besoin de trois voitures (toutes japonaises) – celle qu'elle possédait déjà, une Honda toute neuve qu'il lui avait payé une année auparavant, la voiture sport utilitaire Subaru qui servait aux excursions de camping que le couple affectionnait particulièrement dans le «bon vieux temps», et sa Lexus, sa voiture à lui. Il appuie sur l'accélérateur pour fuir cet hôpital qui ressemble davantage à un centre correctionnel pour adolescents qu'à une institution vénérable dédiée à la santé mentale et physique de la population, et il se dirige vers le nord de Montréal, sans savoir exactement où. Il cherche un hôpital de campagne moins achalandé (trois personnes dans la salle d'attente, après tout, c'est un achalandage considérable quand on veut finir sa poutine et ses gâteaux mi-guimauve, mi-chocolat). Après une heure et demie de conduite, pendant laquelle les images de sa petite Fannie jouant sur la plage, lors de la dernière excursion de camping que la famille, alors unie, a faite à Fort Lauderdale aux États-Unis, défilent devant ses yeux comme pour atténuer les phares des voitures arrivant en sens inverse, Maxime finit par aboutir dans une salle d'urgence propre et accueillante.

L'infirmier qui le voit rend un premier diagnostic, qu'il fait confirmer par un médecin deux heures plus tard :

«Vous avez des allergies, monsieur.»

«Des allergies? Je n'ai jamais eu d'allergies. La seule chose à laquelle je suis allergique à présent, c'est au mariage.»

Le médecin esquisse un léger sourire, reprend rapidement un ton sérieux, sort un bout de papier de sa blouse et y griffonne une ordonnance en toute hâte.

«Prenez ça, des antihistaminiques, dès ce soir... et tout ira mieux. Si vous avez encore une crise, buvez, buvez beaucoup d'eau. Tout ira bien.»

Je croise Maxime dans l'ascenseur le lendemain matin (ou plus exactement le même matin). Il me décrit son aventure mais ne veut pas parler de sa Fannie. Il quitte précipitamment l'ascenseur à l'ouverture des portes pour regagner son bureau au deuxième étage, tandis que je continue, perplexe, vers le quatrième étage. Plus tard, comme je n'ai pas vu Maxime à la cafétéria, j'hésite pendant plusieurs minutes devant mon téléphone. Je finis par me raviser, me disant que je dois me montrer patient et me mêler de mes affaires, sans compter que, comme mes collègues, j'ai du boulot par-dessus la tête, ce qui justifie ma présence à moi aussi au travail, ce dimanche.

Je m'inquiète pour Fannie, notre apprentie plombière à tous. Si j'ai bien compris la situation, un juge a rendu une ordonnance permettant à la mère, Maria V., slovaque d'origine, de quitter le Canada avec sa fille Fannie, sans même que Maxime, le père, ne soit prévenu de la requête faite par elle. En d'autres termes, un juge a laissé une mère de famille déposer une requête pour sortir du pays avec sa fille, alors qu'elle n'en a que la garde partagée et non la garde exclusive, et ce, sans que le père soit informé d'une telle procédure. Maxime a été mis devant le fait accompli par un avocat dont il n'a jamais entendu parler. Cette histoire ne tient pas. On ne peut raisonnablement pas, dans un système démocratique, accepter qu'une partie en poursuive une autre sans que cette autre partie ne soit mise au courant et ait la possibilité de présenter ses arguments. Je commence à douter de la version des faits de Maxime. Oui, le système d'injustice en matière de droit de la famille est plein d'aberrations, mais on ne peut tout de même pas faire fi des nombreuses années de jurisprudence et de lois nationales et internationales qui donnent à chaque individu le droit fondamental de savoir qu'il est partie prenante d'une cause, et le droit de se représenter ou de se faire représenter. Surtout, on ne peut raisonnablement pas croire qu'un juge, aussi biaisé soit-il, puisse accepter de nier l'existence d'une ordonnance valide, préalablement rendue par un de ses collègues et confirmant la garde partagée d'une enfant. Et on peut encore moins accepter qu'un juge puisse autoriser une mère, qui en plus possède une citoyenneté étrangère, à sortir du pays avec son enfant, née au Canada, sans que le père, qui a la responsabilité légale de sa fille à parts égales avec la mère, ne le sache.

Il y a quelque chose qui ne tourne pas rond dans l'histoire de Maxime. Pourtant, c'est un des meilleurs cadres de l'entreprise, un homme logique qui mène ses dossiers à terme, qui a beaucoup d'entregent et de générosité, qui relève toujours les défis auxquels il fait face avec élégance et respect. On ne peut pas ne pas aimer Maxime, une sorte de Georges Clooney à la québécoise, avec les millions de dollars en moins.

D'un autre côté, je ne peux m'empêcher de penser à ma propre histoire d'horreur. Comment, par exemple, on m'avait donné, enfant, à ma mère pour qu'elle me rejette quasiment le lendemain de l'ordonnance, me plaçant en adoption et me forçant sous l'emprise de la culpabilité enfantine à lui prodiguer un soutien psychologique. Comment je me retrouvais régulièrement au pied de son lit, l'examinant, bouche bée, parcourant de mes yeux incrédules ce corps massivement dosé de valium et de lithium dans une énième tentative de suicide, avant de me précipiter sur le numéro de téléphone de l'ambulance. Je ne panique pas, mais… si Maxime avait raison? Si quelque chose arrive à Fannie, sa petite fille adorée de huit ans, cette enfant innocente?

Le calvaire de Maxime continue. Les antihistaminiques ne font aucun effet et ses crises se répètent et même s'intensifient nuit après nuit. Il en arrive même à avoir peur de se coucher et essaie de rester éveillé autant que possible, jusqu'à ce que son cerveau lui commande, à son insu, de ralentir sa respiration, d'alourdir ses paupières, de laisser tomber la main qui tient le dossier qu'il est en train d'examiner, de relaxer le tonus de son corps tout entier. Mais une, deux ou trois heures plus tard, soudainement, Maxime est à nouveau saisi à la gorge, en mal d'air, désespéré et épuisé, luttant pour survivre.

Lorsque je croise Maxime dans l'ascenseur, le vendredi 13 juillet, je ne vois qu'un homme pâle et amorphe, dont la voix s'est affaiblie et qui refuse de parler, sauf pour me dire qu'après trois jours d'antihistaminiques et cinq nuits (peut-être six, il ne sait plus) de sursauts incontrôlables, il se sent épuisé et a besoin de sa fin de semaine de repos. J'hésite à lui demander des nouvelles de Fannie, mais je ne peux me contraindre à aborder le sujet. Maxime est trop mal en point pour éveiller tout sentiment douloureux.

«Téléphone-moi, Maxime, à n'importe quelle heure de la nuit, ça ne me dérange pas, si tu as besoin de moi. Tu m'as compris?» lui ai-je dit fermement alors qu'il sort de l'ascenseur pour se diriger vers son bureau. Il a esquissé un oui timide d'un geste de la tête, peut-être presque en pleurs, je ne saurais dire.

«Tu me promets, Maxime, téléphone-moi. N'hésite pas!»

Les portes de l'ascenseur se sont refermées comme si la douleur qui l'assaille et que je partage était maintenant divisée en deux, coupée par la lame tranchante de nos heures de travail. Je commence à être angoissé et j'en parle durant l'heure du lunch à un autre collègue, Vincent (encore une fois, Maxime ne nous fait pas le plaisir de sa présence à l'heure du repas, brisant ainsi une habitude qui nous unit tous les trois depuis des années).

Vincent est un cadre encore plus haut placé que Maxime et moi. Petit, nerveux, très calculateur, il porte des lunettes rondes, a un esprit vif et décidé mais s'enferme souvent dans son bureau pour dormir en cachette. Il est Vietnamien par sa mère et Canadien par son père. Pendant ses loisirs, il donne des cours de comptabilité et corrige une fois par année les examens EFU de l'Ordre des comptables agréés du Québec, en plus d'écrire çà et là des histoires pour enfants qui lui valent un certain succès mais ne lui rapportent que très peu d'argent. Lui aussi est divorcé, enfin presque. Sa femme a entamé une procédure de divorce il y a sept ans et ça fait maintenant plus de temps, aussi incroyable que cela puisse paraître, qu'elle passe à se battre devant les tribunaux pour s'opposer au divorce qu'elle a elle-même demandé qu'ils ont passé de temps mariés. Autrement dit, le système d'injustice a décidé de faire traîner les choses, égarant entre autres le dossier pendant presque deux ans, ce qui a forcé Vincent à écrire au ministère de la Justice pour qu'il se réveille. Le ministère s'est réveillé et a retrouvé le dossier, mais il a interprété sa demande comme une procédure d'appel, et le tribunal lui a envoyé une facture de 750 $ même s'il n'a pas pu terminer la procédure, entre autres… parce qu'il n'avait pas accès au dossier perdu. Quand finalement le dossier a été retrouvé, le juge qui faisait face à Vincent, traîné pour la énième fois par sa femme devant le tribunal, lui a refusé le droit d'y avoir accès, prétextant que le dossier était trop volumineux. Pour compliquer les choses, les procédures de divorce devaient se dérouler à Toronto, où Vincent s'était jadis marié, et il a demandé une audience bilingue, car son anglais était chancelant.

«I know how to say fuck and shit, but that's about it, my friend», a-t-il dit en plaisantant à l'agent responsable d'organiser les audiences bilingues, conformément à la loi ontarienne.

Mais lorsque Vincent a voulu se défendre devant le tribunal dans la langue de Molière, il a dû faire face à la langue de Shakespeare, puisque c'était la langue de la juge, qui baragouinait certes quelques mots français, de ses acolytes (greffier et assistant), et de l'avocat de la partie adverse. La toute première audience s'est donc déroulée à l'image du Canada : un côté français et un côté anglais ou, plus exactement, une solitude francophone et une solitude anglophone.

Vincent, bien au courant des dispositions de la loi, la common law tout aussi bien que le Code Napoléon, a alors écrit à l'avocat principal du Conseil des juges canadiens (CJC) pour demander justice. C'est là qu'on écrit quand on croit qu'une irrégularité a été sciemment commise par un juge, vu qu'il n'avait pas eu droit à une représentation équitable et que cela allait à l'encontre de la loi ontarienne sur le bilinguisme et de la Charte canadienne des droits et libertés. Tout le monde doit respecter la loi, même les magistrats. Mais Vincent ne savait pas, à l'époque, que la justice des affaires de la famille échappe, par un miracle inexpliqué comme le sont tous les miracles, à sa propre justice. Il a donc reçu une lettre du CJC lui affirmant qu'il avait bien eu droit à une audience bilingue : la preuve, une partie parlait français et l'autre partie, celle qui représentait la mère, parlait anglais. Bref, on avait parlé français et anglais et, comme un et un font deux, une expression unilingue française jumelée à une expression unilingue anglaise confirment nécessairement le bilinguisme. Son audience avait bel et bien été bilingue ; le juge et le tribunal n'avaient commis aucune faute même si, deux années plus tard, le tribunal allait finalement admettre avoir failli à son obligation de lui fournir un interprète.

Vincent a donc déjà goûté, non pas à la médecine des antihistaminiques, mais à celle de l'anti-gros-bon-sens, ce qui lui a coûté des milliers de dollars. L'expérience lui a cependant permis d'améliorer son anglais :

« I know how to say fuck and shit, but that's about it, you jerk. »

Vincent et moi partageons un humour vulgaire, j'en conviens.

De toute manière, l'essentiel du problème de Vincent n'est pas là. Sa femme a demandé le divorce il y a plus de sept ans, mais il se trouve qu'elle a fait photocopier son propre affidavit où elle le traite d'instable et de malade mental, qu'elle en a fait encadrer des copies en trois exemplaires et qu'elle les a envoyées par la poste à leurs trois enfants comme cadeau de Noël, en indiquant comme adresse de retour celle du père, qui avait pourtant dû quitter la maison matrimoniale sur ordonnance du tribunal des mois plus tôt. Puis, elle s'est présentée au tribunal en montrant, preuve à l'appui, l'ignominie du père, et elle a convaincu la juge que tous les biens familiaux devaient être sous sa garde jusqu'à ce qu'une conférence préparatoire soit instituée. La juge a, une fois de plus, mordu à un hameçon bien préparé. Sauf que la femme de Vincent a tout fait, appuyée miraculeusement par les mécanismes interminables du tribunal qui avait soi-disant perdu le dossier, pour retarder la conférence préparatoire, une étape de routine en Ontario. Pendant ce temps, elle a vendu à l'insu de Vincent l'ensemble des biens personnels qu'il détenait avant de se marier, et dont la valeur s'élevait à environ 360 000 $. Cette manne, elle refuse toujours, sept ans plus tard, de la retourner et prétend ou bien qu'elle n'existe pas, ou bien qu'elle en a besoin, ou encore que Vincent lui en a fait don; autant d'excuses qui trompent la vigilance des juges payés grassement à écouter des sornettes et à y croire. En somme, Vincent s'est fait jeter à la rue, sans aucun bien, du jour au lendemain par un juge qui a cru sa femme sur parole et, sept ans plus tard, il n'est toujours pas sorti du bois. Sa femme se sert des pensions alimentaires pour payer un avocat qui n'en finit plus de faire retarder les procédures. Vincent s'est retrouvé dans la situation incroyable où vingt années de sa vie ont été effacées d'un seul coup, sans scrupule aucun, sans recours qui vaille. Il soupçonne même sa femme, agente immobilière pour Max Realties Inc., de distribuer ses propres biens, dont des peintures originales, comme cadeaux à ses clients quand elle vend une maison; bref, de s'enrichir sur son dos, y prenant un malin plaisir, avec possiblement l'accord tacite d'une brochette de juges payés, eux, 200 000 $ par année au moins.

«On ne traite même pas un chien de la sorte», m'avait-il dit à l'époque.

«Retourne devant le tribunal», lui ai-je recommandé.

«C'est peine perdue, David. Tu connais le cas du milliardaire québécois à qui son ex-conjointe réclamait des millions de dollars à la suite de leur séparation, en dépit d'une entente prénuptiale très claire et signée en toute connaissance de cause? Il a dû aller en Cour suprême, et ça lui a probablement coûté des centaines de milliers de dollars pour faire valoir ses droits. Je ne suis pas milliardaire et, si je dois dépenser de l'argent, ce sera pour mes trois enfants, pas pour être certain de perdre.»

Vincent s'est donc résigné à l'inévitable, même s'il aurait préféré que les enfants grandissent dans une atmosphère positive plutôt que d'avoir des parents qui se disputent sur tout et sur rien pour arriver nulle part, encore et encore. Bref, alors que la relation durant le mariage avait été somme toute civilisée, elle était devenue complètement sauvage et cruelle dès que la demande de divorce avait été prise en main par les vautours judiciaires, et sept ans plus tard, rien, absolument rien n'était réglé. Autrement dit, les ententes signées avec Pierrette, son ex, ou celles approuvées par le tribunal ne valaient pas plus que le pacte de non-agression qu'Hitler avait signé avec Staline en 1939, et qu'il brisa quand il le jugea opportun.

«Ce sont des malades mentaux», m'a dit Vincent à propos des juges des affaires familiales, autant en Ontario qu'au Québec. «C'est pas surprenant que des pères ou même des mères pètent les plombs et commettent l'irréparable: l'infanticide, le meurtre, le suicide. Tout est fait pour les amener à ce résultat inévitable.»

«Des crétins», lui ai-je répondu. Je m'oppose fermement à l'épithète de malades mentaux à cause du souvenir de ma mère. Les malades mentaux, ce sont les pères ou les mères qui s'engagent dans un processus de destruction de la candeur enfantine. Les avocats et les juges, eux, font leur boulot, qui consiste à être aussi incompétents et malhonnêtes que possible.

«Des nazis alors», a rétorqué Vincent.

C'est donc de Vincent que je tiens ma comparaison entre les magistrats affectés au système d'injustice familiale et les nazis. Vincent et moi sommes tombés d'accord sur l'expression de «nazis». Tout comme les nazis, les juges prononcent des jugements arbitraires, ont trouvé des victimes idéales à persécuter (les pères de famille), ont reconnu dans le rôle des mères qui «s'autovictimisent» le nouveau cheval de bataille qui remplace la colère d'Hitler contre le traité de Versailles et, tout comme les nazis, ils s'amusent à jeter à la rue les personnes, presque toujours les pères de famille, sous prétexte non pas d'une race aryenne supérieure mais du bien-être des enfants.

Notre société n'a donc pas évolué, bien au contraire. Et Vincent de poursuivre:

«Si nous avons décidé, historiquement, d'en finir avec Hitler, pourquoi n'en finissons-nous pas avec le processus des magistrats qui essaient de régler ce qui ne les concerne pas? Le règlement des divorces ne doit absolument pas passer par une justice distributive, ou même une justice participative. C'est la pire voie à adopter. Ce qu'il faut, c'est un processus objectif de médiation absolument exempt de tout ce qui s'appelle magistrats. Nous perpétuons le nazisme avec notre système *à la con*, et cela coûte à la société une fortune en frais judiciaires, en délinquance juvénile et en dommages psychologiques. Je me souviens d'avoir lu que des études faites en Suède, notamment, démontrent qu'une attitude négative de la mère (froideur, indifférence, hostilité, rejet), son laxisme à l'égard des écarts de conduite de sa progéniture et son comportement violent envers ses enfants (par exemple, des menaces ou des punitions corporelles) expliqueraient en partie, bien plus qu'une influence génétique, le comportement agressif des adolescents. Voilà, cher ami, où nous en sommes.»

Je n'ai pu qu'acquiescer. Ma mère, comme je l'ai déjà dit, ne s'est pas rendue plus heureuse à jouer les martyrs, bien au contraire. Elle a perdu le respect de ses enfants pour toujours. Je ne suis d'ailleurs jamais allé me recueillir sur sa tombe: encore aujourd'hui, vingt ans après son décès, j'en suis incapable. Je ne l'appelle pas non plus maman; je n'y arrive tout simplement pas.

Vincent, Maxime et moi formons un trio inséparable et nous nous réunissons chaque midi, à moins d'une raison majeure, pour aller casser une croûte à la cafétéria, ou au petit bistro du coin, nommé curieusement «Chez Maria: La poule aux œufs d'or».

Sauf que, depuis une semaine, le trio est réduit à deux personnes: Vincent et moi. Je partage avec Vincent mes soucis et mes inquiétudes, qu'il corrobore d'un hochement de tête.

«Il faut faire quelque chose», me dit-il.

Nous préparons donc un plan d'attaque. Je descends, cet après-midi-là, au deuxième étage, là où travaille Maxime, et je m'installe quelque part près de la photocopieuse, prétextant que celle de mon étage (au quatrième) ne fonctionne pas. Dès que je vois Maxime quitter sa chaise pour se rendre aux toilettes, je téléphone à Vincent, qui, lui, travaille au troisième étage, et nous irons à deux coincer Maxime dans les toilettes pour qu'il nous raconte ce qui lui arrive. Maxime a la tête dure, il n'aime pas partager ses émotions. Il va falloir trouver un moyen de le faire parler et de le prendre par surprise.

Nous mettons notre plan à exécution en ce vendredi après-midi du 13 juillet, environ dix jours après que Maxime a ouvert la lettre énigmatique d'un avocat dont il n'a jamais entendu parler. Je me poste près de la photocopieuse du deuxième étage et je me mets à faire des photocopies complètement inutiles, jetant un regard furtif vers le bureau de Maxime, comme un espion russe dans une ambassade américaine. Maxime travaille mais il semble tracassé et ne me voit pas. Il agite des feuilles ici et là, et donne des coups de téléphone qui semblent l'exaspérer. Il raccroche et se prend la tête, faisant glisser ses doigts dans ses cheveux, puis reprend le combiné comme si une idée nouvelle lui vient soudainement à l'esprit, seulement pour raccrocher après quelques minutes, l'air désespéré.

Puis Maxime se lève. Je saisis mon téléphone portable et appelle Vincent. Celui-ci me dit qu'il accourt. Cependant, Maxime, qui semblait au départ vouloir se rendre aux toilettes, change brusquement de direction et se dirige maintenant vers la bibliothèque, celle dont je vous ai déjà parlé. Je suis Maxime à distance, m'efforçant de passer inaperçu et essayant tant bien que mal de mettre en ordre la masse de photocopies inutiles que je viens de faire. Encombré, je réussis néanmoins à rappeler Vincent pour lui indiquer, en chuchotant, le nouveau lieu de rencontre. Je fais tout cela en même temps que je longe les couloirs qui séparent les bureaux des employés alignés géométriquement selon le concept de l'aire ouverte. Vincent va sans doute utiliser le même stratagème.

Finalement, nous nous retrouvons tous les deux, Vincent et moi, à la porte de la bibliothèque où Maxime vient de s'engouffrer. En entrant dans la bibliothèque à notre tour, nous ignorons encore ce que nous allons y découvrir. Un sentiment de doute nous saisit le ventre.

Soudain, nous apercevons Maxime et notre appréhension est alors complètement justifiée…

Une enfant dans un placard

· · · · · · · · · · · · · · · · · · ·

FANNIE EST RECROQUEVILLÉE AU FOND D'UN PLACARD, DANS le recoin d'une grande chambre complètement vide, à l'exception d'une chaise du XVIIIe siècle chatouillée par des rayons de lumière timides qui entrent dans la pièce depuis une toute petite fenêtre très haut placée, qu'elle ne peut atteindre même en se tenant debout sur la chaise. Des chauves-souris pendent au plafond, la tête en bas. Le prélude en ré mineur de Rachmaninoff se fait entendre, répétant un ré à la basse sous forme de sostenuto obsessif, et étirant un thème mélodramatique qui s'enfle au fur et à mesure de son développement harmonique et rythmique. Il est étrange d'entendre une musique si riche en contre-mélodies dans une scène aussi désolée où la chaise paraît plus vivante que Fannie. Il faut deux mains de géant pour pouvoir jouer ce prélude correctement, et une maturité émotionnelle certaine. Ces deux prérequis, Fannie ne les a pas. Elle est douée pour le piano, tenant cela de son père Maxime qui, avant de devenir comptable, a fait des études avancées en piano et a même gagné sa vie, pendant ses années d'étudiant, à jouer dans les bars des improvisations jazzées qui plaisaient à son public. La musique de Rachmaninoff est comme un message à Fannie d'être plus mature qu'elle ne l'est, la forçant presque à être adulte alors qu'elle n'est qu'une enfant de huit ans.

L'enfant pleure à chaudes larmes. Son corps tremble de peur. On ne voit, dans la pénombre, que deux yeux bleus larmoyants et on n'entend, entre deux accords de musique, que des inspirations douloureuses. La petite est sale et ses vêtements sont des haillons.

Le plancher de la pièce est en pierre, comme on en trouve dans les vieux immeubles en Europe, y compris en Europe de l'Est. Au fond, sur un mur, on a l'impression de voir le reflet de formes géométriques – des rectangles, des carrés, des triangles, peut-être. Le plafond est quadrillé de poutres en bois à moitié rongées par l'humidité et le temps. Il y a probablement des années que quelqu'un n'a pas habité ces lieux.

Depuis combien de temps la petite Fannie a-t-elle trouvé refuge dans un placard, au fond d'une chambre inconnue et froide? Elle ne le sait pas. Tout ce qui compte pour elle, c'est de retrouver son papa, la présence réconfortante d'un père dont tout enfant a besoin, la chaleur d'un foyer familial normal qui connaît certes des hauts et des bas, mais qui, dans l'ensemble, est une source de bonheur et une invitation à la joie. C'est à ce souvenir, peut-être à cette utopie, que s'accroche Fannie, en proie à une douleur interne indéfinissable, ne sachant ni où elle est, ni qui elle est.

Soudain, une porte qu'elle n'a pas remarquée s'ouvre et laisse entrer une dame que Fannie, curieusement, ne voit que de dos, même si elle s'approche d'elle de face, avec un air menaçant.

«N'aie pas peur, ma petite», lui dit cette ombre-marionnette mue par des ficelles de tromperie. Fannie ne bouge pas, ne dit pas un mot et se contente de regarder droit devant elle, retenant ses larmes et son souffle. La petite a tellement peur qu'elle laisse bientôt glisser un filet d'urine sous ses pieds, tandis que son corps se met à trembler effroyablement, comme si des secousses sismiques agitaient son âme.

La silhouette s'approche de Fannie. Elle retire de sa bouche la cigarette qui a laissé traîner des volutes nauséabondes derrière elle, la pince entre son pouce et son index, et écrase le bout fumant, rouge et incandescent, sur l'avant-bras de Fannie. La petite crie de douleur, d'une voix qui ressemble étrangement à celle de ma sœur. Un cri horrible, qui perce le placard et qui déchire la chambre comme une griffe de léopard perce la peau d'un zèbre affaibli et abandonné à son sort.

C'est à ce moment-là que ma femme, Brigitte, me fait sortir de mon rêve, ou plus exactement de mon cauchemar. Je suis trempé jusqu'aux os, étendu dans le lit conjugal, des larmes coulent malgré moi sur mes joues.

«Chéri, que se passe-t-il?» me demande Bridge, comme je l'appelle affectueusement.

«J'ai fait un cauchemar.»

«Tu penses encore à Maxime?»

«Non, lui dis-je, je pense à Fannie, sa fille. Maxime est un grand garçon parfaitement capable de se défendre. Je pense à Fannie. Tu sais que je fais des rêves prémonitoires.»

J'essaie de me calmer, puis nous nous rendons à la cuisine où Bridge prépare un chocolat chaud pour moi et un café au lait pour elle. Nous avons chacun enfilé une robe de chambre avant de descendre au premier étage, en prenant soin, en ces petites heures du matin, de ne pas réveiller notre fils Guillaume qui, à dix-neuf ans, dort encore comme un adolescent, souvent jusqu'à 11 heures du matin.

«J'ai fait un terrible cauchemar, Bridge. Vincent et moi avons vu Maxime aujourd'hui…»

Je lui rappelle ce que je lui ai dit, sitôt rentré du travail la veille au soir (nous sommes maintenant le samedi 14 juillet), à savoir que Vincent et moi avons trouvé Maxime plié en deux dans la bibliothèque, en proie à une autre de ses crises quotidiennes, qui maintenant commencent à l'assaillir non plus seulement pendant la nuit mais également pendant la journée. Nous avons réussi à le calmer et il nous a tout raconté, entre deux rangées de livres et en chuchotant (nous étions dans une bibliothèque après tout), sur ses crises et sur ses deux visites récentes à l'hôpital. À la deuxième visite, on a diagnostiqué des crises d'asthme et on lui a prescrit un bronchodilatateur. Tout en continuant de prendre des antihistaminiques, au cas où, il avale ou inspire maintenant des substances pour dégager ses alvéoles pulmonaires et faire diminuer leur inflammation supposée. Mais aucun traitement ne semble venir à bout des crises qui, au contraire, deviennent de plus en plus fortes. Maxime s'est redressé, a refusé de parler de Fannie et de tout ce qui concerne les événements récents, dont la lettre mystérieuse de l'avocat reçue fin juin, et nous a affirmé se sentir mieux, avec une voix de plus en plus éteinte.

« Merci, les copains. Vous êtes chics. Bon, le devoir m'appelle. »

Il s'est faufilé entre Vincent et moi et nous a laissés dans l'incompréhension la plus totale, entre deux rangées de livres et de documents comptables.

« Quelle tête de mule ! » s'est exclamé Vincent après quelques secondes de silence.

« Bon, donnons-lui une dernière chance mais après, il va falloir agir. Il est en train de se rendre vraiment malade. »

Vincent et moi retournons donc chacun à notre bureau, car en cette période exceptionnelle de mise à jour fiscale, nous sommes ensevelis sous des tonnes de documents et de dossiers. Je jette les photocopies bidon que j'ai faites dans le premier panier de recyclage et je m'attelle à ma tâche d'expert-comptable en fraudes financières, espérant avoir fini avant 19 heures pour pouvoir enfin rentrer chez moi et regarder à la télévision mes émissions américaines favorites dont je me régale quasi quotidiennement.

« Je ne comprends pas, dis-je à Bridge, pourquoi certaines femmes sont de mauvaise foi lorsqu'elles demandent le divorce. »

« Ce n'est pas le cas de toutes les femmes », me fait-elle remarquer.

« En tout cas, celles qui perdent la tête sont récompensées par notre système d'injustice. Moins elles coopèrent pour le bien de leurs propres enfants, plus elles gagnent en face des juges. Vincent a raison, nous faisons face à des fous. Regarde-moi l'état de Maxime. Et si ça se sait, sa femme ou son ex, je ne sais plus, va le poursuivre pour démontrer que c'est un homme malade qui ne peut pas prendre soin de sa fille.»

«C'est tragique et ridicule tout à la fois, en effet. Il est possible que Maria l'aime encore, en fait, et ça expliquerait ses actes de vengeance continus.»

«Mais à quoi ça sert?» lui dis-je. La logique de cette dynamique de couple m'échappe complètement. Le couple est un mélange de problèmes, de douleur, de désirs et de besoins, certes. Mais comment peut-on espérer regagner son conjoint en le torturant à coups d'aliénation parentale?

«La dernière fois que j'ai vu Maria, il y a six mois environ, elle avait bien dû prendre cinquante kilos. Elle mange pour compenser, pour combler son déficit émotionnel.»

«Les femmes en colère ne lâchent pas, ajoute Bridge. Elles peuvent rester en colère toute leur vie et continuer de faire semblant que tout joue en leur faveur, car c'est l'illusion qu'entretient ce que tu appelles le système d'injustice. Elles veulent faire plier leur homme, le mettre sous leur joug, garder la main mise pour pouvoir l'accuser de tout et de rien, comme bon leur semble.»

«Quelles garces!»

«Encore une fois, chéri, toutes les femmes ne sont pas comme ça. Certaines acceptent volontiers la flexibilité nécessaire pour élever une enfant, même en situation de séparation, et ne cherchent pas à instaurer un climat malsain pour satisfaire leur soif de vengeance.»

Je pense à ma mère. Elle a passé le plus clair de son temps à dénigrer mon père aussitôt le divorce prononcé. Pendant toute mon enfance, mon adolescence et les premières années de l'âge adulte, je l'ai entendue dire qu'elle nous a, ma sœur et moi, extrait des griffes d'un être violent, malade mental et homosexuel (mon père s'était pourtant joyeusement remarié après le divorce et resta en couple jusqu'à sa mort, trente années plus tard). Pareille image ne pouvait que me traumatiser, puisque, qu'on le veuille ou non, les enfants se représentent nécessairement dans leurs deux parents. Ce n'est donc qu'après le décès de mon père que j'ai réussi à me débarrasser de ces graves calomnies que j'avais absorbées bien malgré moi, brouillant ainsi une image de père qui aurait dû correspondre à la réalité plutôt que d'être le reflet d'une pensée maladive et corrompue. C'est mon amour-propre que ma mère attaquait en faisant un portrait aussi négatif de mon père. Rien de cela ne pouvait m'aider à développer, inconsciemment, le moindre respect envers ma génitrice biologique.

Dans ses efforts de manipulation, ma mère a fait pire encore. Elle nous a convaincus, ma sœur et moi, de reprendre contact avec notre père lorsque nous avons eu vingt-deux ans. Ce n'est que plus tard que j'ai compris : ce n'était pas notre bien qu'elle voulait en favorisant un rapprochement avec une figure paternelle si cruellement arrachée à notre âme d'enfant, mais bien une façon de connaître sa situation financière pour pouvoir lui soutirer encore plus d'argent, douze années après le divorce. C'est un stratagème qui fonctionne : le père d'un de mes copains, divorcé depuis vingt-trois ans, s'est vu forcé de payer une pension à son ex-femme soudain tombée malade. Il avait payé les pensions alimentaires pour ses cinq enfants, avait rempli ses devoirs paternels, et voilà que vingt-trois ans plus tard donc, malgré une entente finale signée en bonne et due forme en Cour supérieure alors qu'il s'était remarié, il devait maintenant faire face à des obligations maritales. Son ex-femme avait réussi à faire valoir auprès d'un juge ontarien que, même s'ils étaient divorcés depuis tout ce temps, l'ex-mari demeurait moralement responsable d'elle, en dépit du document final de divorce qui l'exemptait d'une telle obligation, envers et contre tout. Le juge avait gobé la pilule – ça ne lui coûtait, à lui, rien du tout. Au mieux, cela lui donnait une autre anecdote à raconter aux copains au prochain voyage à Cuba ou sur une croisière transatlantique.

«Bon, c'est bien beau tout ça, mais on n'est pas près de pouvoir changer quoi que ce soit. Des vipères, il en existera toujours.»

Ce ne sont pas mes paroles, ce sont celles de Bridge, ma douce moitié. Elle m'invite à venir me recoucher, mais je ne peux m'y résoudre. Je décide plutôt de me mettre au travail, vu que j'ai rapporté du bureau un tas de dossiers à régler.

Vers 13 heures, installé à mon bureau à la maison, le souvenir du cauchemar me ressaisit et je téléphone à Vincent.

«Vincent, tu me connais, je suis un intuitif. Je suis sûr que Maxime nous cache quelque chose. Je suis inquiet. J'ai un mauvais pressentiment.»

Vincent semble d'accord. Il est lui aussi troublé par le comportement de Maxime. Difficile de se mettre dans la peau d'un collègue et ami, d'un père de famille, même si on est père de famille soi-même. Mais mon intuition continue de me tarauder.

Nous décidons d'aller voir Maxime chez lui, à l'improviste, seulement pour lui souhaiter une belle journée et lui demander s'il désire venir jouer au squash avec nous. En fait, moi je ne joue pas, étant partiellement handicapé par mon arthrose envahissante, mais Vincent et Maxime sont d'excellents joueurs et je sers de spectateur-arbitre très attentif pendant leurs matchs. Je rejoins Vincent chez lui avant de nous rendre chez Maxime.

Nous frappons à la porte mais n'obtenons aucune réponse. Par contre, nous entendons des gémissements au travers de la porte. Nous nous regardons, perplexes et inquiets. Vincent, nerveux de nature, me pousse du bras et se met à cogner à la porte avec force et détermination.

«Maxime, Maxime, ouvre-nous!»

Des gémissements et des cris étouffés franchissent la cloison qui nous sépare de Maxime mais ne nous apportent guère de réponse satisfaisante, bien au contraire. J'entreprends donc de défoncer la porte du pied. Dans un film d'Hollywood, ça se fait facilement et ça ne fait pas mal. Dans la vraie vie, ça prend plusieurs tentatives et on se fracasse presque le pied, le genou et la hanche, surtout quand on souffre déjà d'arthrose. Vincent et moi nous précipitons dans l'appartement, moi chancelant et criant presque de douleur tant ma hanche et mon dos me font soudainement souffrir. Là, devant nous, nous revoyons ce que nous avons vu la veille à la bibliothèque : Maxime en train de suffoquer, se roulant par terre, en quête d'air, à l'article de la mort. La pièce entière est tapissée de photos de Fannie, sur les armoires de la cuisine, sur le miroir et sur la porte ouverte de la salle de bain.

Nous essayons de calmer Maxime tant bien que mal et lui apportons un verre d'eau. Nous voulons l'aider à se relever et finissons par retomber tous les trois sur le canapé et, curieusement, chacun se met à rire, autant de soulagement que de nervosité.

«Maxime, nous allons t'emmener à l'hôpital, lui dis-je, et si tu ne veux pas, nous t'y forcerons.»

Mes menaces n'ont dans les circonstances aucun poids, ce qui nous fait repartir à rire, à rire de nous-mêmes, à rire du ridicule de la situation.

Maxime accepte finalement de se rendre à l'hôpital avec nous. Après un entretien d'à peine cinq minutes, un infirmier aventureux lui prédit qu'il aura besoin des médicaments suivants, qu'il écrit sur une ordonnance :

«Serge S.S. Sansregret, MD, F.R.C.P.C.

1) Duloxétrin 30 mg

2) Trazodone 50 mg

3) Lavazepam 0.5 mg

4) Oxazepam 15 mg»

Il y a aussi, en guise de commentaires, des mots ressemblant à des pattes de mouches; bref, l'ordonnance est pratiquement illisible. L'infirmier disparaît et un vrai médecin se présente. Plus patient, il écoute Maxime avant de poser la vraie question intelligente à poser:

«Monsieur, avez-vous subi un stress immense ces derniers temps?»

«Sa fille a disparu», dis-je précipitamment.

«Nous sommes surchargés au boulot», renchérit Vincent.

Le médecin reste impassible et s'adresse à Maxime. Notre ami prend une grande inspiration, raidit les épaules puis les relâche:

«Oui, oui, absolument.»

«Vous ne souffrez, dit le médecin, ni d'allergies (sauf peut-être au mariage, comme l'indique votre dossier) ni d'asthme, mais bien de crises d'anxiété. Ce qu'il vous faut d'abord, ce sont des benzodiazépines, et ensuite consulter un psychiatre au plus vite. Je vous garderais bien volontiers sous surveillance, mais notre hôpital est bondé, surchargé, prêt à exploser. Je ne vous rendrais pas service.»

Les benzodiazépines commencent à faire effet assez rapidement. Un jour que nous sommes réunis tous les trois à la cafétéria, Vincent ose aborder le sujet de Fannie.

«Peut-être que les prémonitions de David sont bonnes et que ton corps te dit que ta fille est en danger, Maxime... je regrette de te le dire.»

Maxime explique qu'il a tout tenté. Il a contacté la famille en Slovaquie, sans succès. Il a téléphoné à des connaissances du couple, mais personne ne désire s'aventurer sur quoi que ce soit. Il a téléphoné à l'école primaire que fréquente Fannie et le personnel s'est amusé à jouer les innocents, laissant entendre qu'il n'y avait plus de directrice à l'école. Paniqué, il a alors téléphoné à la police et à la Gendarmerie royale du Canada (GRC) le vendredi où je l'avais épié depuis la salle de photocopie, et on lui a indiqué que rien ne pouvait être fait puisque la mère avait une ordonnance valide lui permettant de sortir du pays.

Maxime est en état de choc, voilà quel est son vrai mal. Si quelque chose arrive à Fannie et à la mère, Maria V., personne ne pourra les aider, car personne ne sait où elles sont. Le juge, en rendant sa décision d'autoriser la mère et la fille à sortir du pays à l'insu du père et à l'encontre d'une ordonnance antérieure, a placé Fannie dans un état de vulnérabilité extrême.

Le juge a, bien sûr, agi pour le «bien-être» de Fannie.

En fait, il a trahi Fannie, son papa et la justice. Le criminel, il est là, en toge noire, juché sur un piédestal, protégé par une société se disant évoluée.

Qui maintenant peut croire que notre système d'injustice est capable de décider du bien-être des enfants? C'est une absurdité totale. Vincent a une idée:

«Écris au tribunal et demande de voir le compte rendu de l'audience. Il faut savoir ce qui s'est passé, ce qui a été dit... si ta Maria a couché avec le juge. Il faut savoir. Écris aussi au CJC.»

«Au CJC?»

«Au Conseil des juges canadiens, et demande à l'avocat en chef pourquoi un juge peut se permettre de violer tous les principes fondamentaux de la justice, dont celui qui garantit à chaque partie le droit d'être dûment avertie de toute procédure la concernant et le droit de se défendre de manière directe ou indirecte.»

Maxime et moi pensons que c'est une bonne idée. D'ici à ce que les réponses arrivent, les pilules anti-anxiété auront pleinement fait leur effet, et Maxime aura pu se reposer. De notre côté, Vincent et moi pourrons mener notre propre enquête sur les allées et venues de Fannie puisque ni la police, ni la Gendarmerie royale du Canada, ni les groupes de protection des enfants, ni les groupes de recherche des enfants disparus ne peuvent faire quoi que ce soit: une ordonnance de la Cour supérieure de justice, qui défend les droits de tous les citoyens et le bien-être des enfants, a été émise… à l'insu et sans le consentement de la première personne concernée, le père.

Au bout de deux semaines, soit le jeudi 2 août, et parce que notre fameux trio exerce autant de pressions que possible en téléphonant à plusieurs reprises aux instances concernées, les deux documents sollicités, soit le compte rendu de l'audience et la réponse du CJC, arrivent par la poste. Maxime nous téléphone. Vincent, Brigitte et moi nous précipitons chez lui.

Le contenu des deux documents échappe à l'entendement. Il est malheureusement aussi irréel que réel, à la mesure du cauchemar dans lequel j'ai vu Fannie prisonnière et maltraitée, torturée par des mégots de cigarette dans le coin sombre d'un placard humide, sur la musique tragique de Rachmaninoff.

Le sang nous glace les veines.

Un poids, trois mesures

. . . .

J'AURAIS PRIÉ JÉHOVAH, YAHVÉ, VISHNU, JÉSUS-CHRIST, Allah, Amaterasu et Zarathoustra pour ne pas voir ce dont j'allais être témoin.

Je n'ai pourtant que moi à blâmer. Ne sachant pas comment Maxime interprétait la missive envoyée par un avocat ne représentant personne, ne pouvant pas croire à la véracité de l'ordonnance qui y était jointe, étant plutôt convaincu qu'il s'agissait d'un traquenard, je me suis décidé à faire quelque chose, dans la mesure de mes moyens et en toute légitimité. Fanatique de l'informatique – je construis des sites Web à mes heures –, je me mets à scruter à la loupe tout ce que je peux trouver sur Internet concernant les lois, la jurisprudence et les avocats venus de nulle part.

Mais je reste sur ma faim. Frustré et toujours incrédule, incapable de penser un instant qu'un juge ait pu accepter qu'une enfant de huit ans quitte le pays sans l'autorisation et, pire encore, à l'insu du père qui en a pourtant légalement la responsabilité, je décide de me rendre dans plusieurs palais de justice, autant au Québec (code Napoléon) qu'en Ontario (common law). Entre le moment où nous avons tous décidé qu'il fallait obtenir le procès-verbal de l'audience où un juge avait soi-disant fait fi de la loi, voire d'un principe fondamental de toute société démocratique, et le moment où Maxime nous a téléphoné pour nous dire que les fameux documents étaient arrivés, j'ai passé plusieurs jours à m'introduire dans les salles de tribunal où les parents s'invectivent devant un juge aveugle et tout-puissant.

Le premier cas auquel il m'est donné d'assister est celui d'un chauffeur de camion. Il est divorcé depuis cinq ans et sa fille avait neuf ans à l'époque. La mère avait alors, ô surprise, obtenu la garde, mais les choses ont changé.

«Où est votre avocat?» demande sèchement la juge.

«Je n'en ai pas, votre honneur, répond le chauffeur de camion en s'efforçant de faire preuve de respect, je suis chauffeur de camion et je…»

Il ne peut continuer sa phrase.

«Vous payez la pension alimentaire?»

«Oui, oui, votre révér…»

La juge se retourne vers l'avocate de l'ex-femme:

«Il paie la pension alimentaire?»

«Non, votre honneur, c'est pourquoi nous sommes ici.»

«Monsieur... attendez que je retrouve son nom (elle fouille dans ses papiers quelques secondes), monsieur Roux a cessé de payer il y a six mois. L'ordonnance du tribunal est pourtant claire: il doit payer. Selon le tableau des pensions alimentaires et en fonction de son salaire, que nous avons vérifié encore une fois il y a une semaine, il doit payer la somme de 472 $ et 25 ¢ par mois à madame, pour le bien-être de leur fille (elle cherche le nom de la fille dans ses papiers mais ne peut le retrouver)… de leur fille. C'est inacceptable.»

La juge se retourne vers le chauffeur de camion, un homme âgé d'une cinquantaine d'années, courbé par le passage des années et par l'autorité austère qui le dévisage froidement et qui lui pose une série de questions, à la manière dont une mitraillette allemande aurait écoulé sa réserve de cartouches sous l'agitation d'un doigt nazi.

Le chauffeur de camion, le pauvre homme (on ne peut pas ne pas le prendre en pitié si on a du cœur), explique que sa fille a élu domicile chez lui depuis six mois et qu'il ne voit pas pourquoi il doit payer à madame une pension alimentaire puisque, justement, c'est lui qui en a maintenant la garde, de manière non officielle certes, mais bien concrète cependant.

La juge ne veut rien entendre de pareilles explications. Comme le chauffeur de camion, monsieur Roux, est en retard de six mois sur ses versements de la pension alimentaire, elle ordonne qu'il les paie dès le lendemain à madame. Le chauffeur tente de s'opposer à pareil jugement puisqu'il n'a pas l'argent – il vient de perdre son emploi, la compagnie pour laquelle il travaillait ayant fait faillite. Rien n'y fait, la juge se raidit encore davantage.

«Mais votre sollicittutude, dit le pauvre homme en bégayant, ma fille vit avec moi. Je vais me trouver un autre emploi dans les prochaines semaines. Je ne peux pas payer ce que vous me demandez, ça va me mettre à terre.»

Les yeux de la juge s'éclairent comme si elle venait enfin de trouver le point faible de sa proie.

«J'ordonne que, si vous ne remboursez pas madame d'ici à demain matin, votre permis de conduire vous soit retiré en raison de l'article...»

Le chauffeur de camion, qui semble prendre dix ans en quelques secondes, n'entend probablement pas le reste de la phrase.

«Mais, votre sollicitttuttude, sans permis, je ne peux pas travailler...»

Le chauffeur de camion est décontenancé. Je suis convaincu que c'est exactement le point auquel la juge voulait arriver: empêcher le père de travailler pour que la fille soit forcée de retourner vivre avec la mère. Je ne peux pas prouver la véracité de mon interprétation, mais je mettrais ma main au feu que c'est la bonne.

«Il va falloir vous trouver du travail...»

«Mais...»

«Il va falloir mettre l'épaule à la roue», dit sadiquement la juge.

Ça, c'est au Québec. En Ontario, j'assiste à un autre spectacle de cirque, lui aussi gratuit. Cette fois-ci, un jeune homme d'une trentaine d'années fait face à l'acrimonie de son ex-copine, avec qui il a passé deux ans de vie semi-commune. Elle a deux enfants d'un mariage précédent, mais le père a disparu et ne paie pas de pension alimentaire. Elle poursuit maintenant le jeune homme en prétextant qu'il a accepté, en la fréquentant, de jouer le rôle de père pour ses deux jeunes enfants et qu'il lui incombe maintenant d'assumer ses responsabilités de père, c'est-à-dire de payer une pension alimentaire pendant la vingtaine d'années qui restent avant que ces enfants ne soient autonomes.

«Quel âge ont les enfants?» demande le juge à l'avocate de la mère.

«Ils sont tout jeunes», répond l'avocate.

«Quatre et six ans», précise la mère, assise juste derrière elle.

La juge se tourne vers le jeune homme, prend un air à la fois constipé et candide, et lui demande:

«Vous connaissez bien ces enfants, non? Vous les avez vus grandir, ils vous ont vu, non? Vous en avez pris soin, non?»

«Oui, votre honneur, répond le jeune homme, mais ce ne sont pas mes enfants biologiques. J'ai bien eu Gisèle (la mère et la demanderesse d'une pension alimentaire) pour copine pendant deux ans, mais nous n'habitions pas ensemble…»

«Mais les enfants se sont attachés à vous, non?»

«C'est-à-dire, votre honneur…»

«Répondez à ma question, monsieur… (elle regarde son dossier), monsieur Taché.»

«Ben oui, c'est normal, répond le jeune homme, mais je n'ai jamais joué le rôle de père biologique, je fréquentais…»

«Ce sera tout pour l'instant, monsieur Taché.»

La juge vient de trouver le point vulnérable de monsieur Taché, le jeune homme. En fréquentant sa copine, il a accepté *de facto* de servir d'image paternelle pour les deux jeunes enfants de madame et, à ce titre, a accepté d'en prendre la responsabilité, qu'il soit père biologique ou non. Le fait est qu'il est devenu, aux yeux des enfants, le père. C'est d'autant plus vrai que le père biologique a disparu depuis deux ans (même si cela n'est aucunement prouvé – peut-être que la mère cherche à obtenir une double pension alimentaire, mais qui oserait douter d'elle, la pauvre victime?). Ainsi, en acceptant son rôle de père, il est normal que le jeune Taché respecte son devoir et qu'il paie une pension alimentaire à madame.

Monsieur Taché, ce jeune homme qui commençait à peine dans la vie, vient de s'alourdir d'une dette de 10 000 $ prélevés chaque année sur son revenu net, et ce, pour les vingt prochaines années. Il en coûte parfois cher de tomber amoureux, sachez-le.

Passons au cas suivant.

C'est une histoire qui paraît tout aussi incroyable, sortie d'Alice aux pays des Merveilles si on est du côté de la mère, et du donjon de Belzébuth si on est du côté des hommes (on ne pouvait même plus dire des pères après l'épisode ci-dessus). Cette fois-ci, une avocate défend vigoureusement sa cliente, d'origine pakistanaise, en attaquant le père, d'origine pakistanaise, dont elle s'est séparée il y a trois ans. Voici: lorsque le père, va chercher sa fille de quatorze ans à l'école, la fin de semaine où il en a la garde, la mère juge bon d'être présente.

«C'est tout à fait normal», fait remarquer la juge.

«Mais il y a plus, votre honneur», renchérit l'avocate de la mère.

«Plus? demande la juge. Comment plus?»

«Il y a le plus avant et le plus après, votre honneur.»

La juge commence à être mêlée, mais veut quand même avoir l'air intelligent.

«Donc, il y a un pré-plus et un post-plus?»

Je ne peux m'empêcher de sourire. Je sue à grosses gouttes à force de retenir mes éclats de rire et les larmes commencent à couler tandis que mon corps vibre contre le dossier du banc en bois sur lequel je suis assis. Heureusement, je me suis positionné à l'arrière de la salle. Je regarde autour de moi. Personne ne rit. La salle est comble pourtant, mais elle est remplie, non de spectateurs inopportuns comme moi, mais de couples qui attendent l'occasion de s'entredéchirer au vu et au su de tous, devant une juge qui essaie désespérément de maîtriser ses dossiers mais qui, visiblement, se couvre de ridicule. Pour ce rôle, elle est sans doute payée 200 000 $ par an... au moins. Je n'aurais pas dû devenir expert-comptable en fraude financière, j'aurais dû devenir juge.

«Pour le pré-plus, votre honneur, ajoute l'avocate, c'est grave, très grave. Madame, qui est pakistanaise d'origine, a émigré en Ontario il y a bien, disons, cinq ans; elle s'est adaptée et a même appris le français.»

«Va pour le pré-plus, dit la juge soudainement pressée d'en finir – après tout, il y a cinquante, peut-être quatre-vingts cas à traiter ce jour-là. Qu'en est-il du post-plus? Je vous donne cinq minutes.»

L'avocate explique que, lorsqu'il va chercher sa fille à la polyvalente, sous la supervision de sa cliente, le père ne parle que l'ourdou. Or, comme elle – la mère d'origine pakistanaise – s'est adaptée à la société canadienne et parle maintenant français et anglais, et comme elle a essentiellement oublié sa langue maternelle, l'ourdou, elle ne comprend pas ce que le père dit à sa fille de quatorze ans le vendredi soir.

«Je vois», dit la juge, songeuse.

«Il faut donc empêcher monsieur», dit l'avocate de la mère qui ne parle maintenant que le français et l'anglais et qui ne parle plus l'ourdou depuis l'épisode du pré-plus.

Je n'en crois pas mes oreilles. La juge, dans son jugement émis en français, ordonne que le père, d'origine pakistanaise, ne parle à sa fille qu'en anglais, de manière à ce que la mère, d'origine pakistanaise, comprenne ce que lui, d'origine pakistanaise, dit à sa fille.

C'est ainsi qu'est réglé le cas du pré-plus et du post-plus, et le père, d'origine pakistanaise, devra payer à madame, d'origine – vous l'aurez deviné – pakistanaise, 1 000 $ pour l'avoir forcée à se défendre devant un tribunal, là où la justice ultime règne dans toute sa splendeur.

Et qui est allé vérifier si le père, d'origine pakistanaise, parlait l'ourdou les vendredis après-midi où il allait chercher sa fille, je vous le demande?

Je commence à pencher du côté de l'argumentation de mon ami Vincent: ce sont des malades mentaux. Des débiles. Mais le cas suivant va me faire changer d'idée: des malades mentaux, non, des nazis, oui.

Monsieur en est à sa deuxième comparution devant le tribunal pour la même affaire: le retour de sa machine à traction de la colonne vertébrale, de la marque «Anatomotor», qui coûte plusieurs milliers de dollars. Cette machine, utilisée adéquatement, permet à monsieur d'étirer sa colonne vertébrale au niveau sacrolombaire, là où ses nerfs sciatiques se coincent régulièrement entre deux vertèbres, car ses disques se sont effrités en raison d'une maladie dégénérative irréversible. Madame, qui a demandé le divorce et obtenu de rester dans la maison matrimoniale où se trouve la lourde machine depuis des années, refuse de la restituer à monsieur.

«J'ai lu votre dossier médical, monsieur», dit la juge à monsieur, avec un ton qui semble appuyer sa requête.

Monsieur reste assis devant la juge. Il est entré dans la salle d'audience avec deux cannes et s'est traîné de peine et de misère jusqu'au banc des accusés, pour ainsi dire. La juge l'a regardé tout en feuilletant une liasse de documents; j'imagine qu'il s'agit là de rapports médicaux sur l'état de santé de monsieur. Celui-ci explique:

«Je vous ai fourni des avis de médecins mis à jour, dont un qui date de pas plus tard que la semaine passée. Je souffre, votre honneur, d'une maladie dégéné...»

Il ne peut terminer sa phrase. Une main s'est posée sur son épaule qui lui dit, en anglais, de se lever devant la juge. La main appartient au garde de sécurité, j'imagine: en tout cas, elle appartient à un uniforme noir et à une tête antipathique.

La juge s'interpose:

«Je permets à monsieur de s'asseoir.»

La main se retire de l'épaule de monsieur qui continue à expliquer sa version des faits:

«Je suis venu en Cour il y a deux mois pour demander à la juge...»

«Quelle juge?» demande la juge en l'interrompant.

«L'autre juge», répond le monsieur qui, visiblement, ne se souvient pas du nom de la juge qui l'a entendu la première fois.

«L'autre juge? Pas moi, n'est-ce pas?»

«Non, pas vous, madame la juge.»

«Bien, continuez.»

L'autre juge n'a pas cru bon d'ordonner que la mère restitue l'Anatomotor à monsieur, étant prise par le temps et soucieuse d'octroyer à madame la propriété temporaire de la maison matrimoniale et des biens du couple jusqu'à ce qu'un procès ait lieu, en bonne et due forme, advenant l'échec d'une conférence préparatoire.

«Bon, alors que voulez-vous?»

Le monsieur explique, répète, exhibe les documents médicaux, répète, réexplique, répète qu'il a absolument besoin qu'on lui rende sa machine à traction de la colonne vertébrale. Il doit l'utiliser chaque jour pour atténuer les douleurs insoutenables qui l'affligent, et madame n'a manifestement pas besoin d'une machine si essentielle à sa santé à lui. Lésion sacro-lombaire, douleur chronique, dégénérescence irréversible des disques S3, S4 et S5, atrophie et spasmes musculaires, irritation du nerf sciatique et engourdissement du pied droit, tout est décrit là, en détail, dans des rapports médicaux accompagnés de photos et d'images de rayons X et de résonance magnétique. Il faut être aveugle pour ne rien voir.

L'avocate adverse identifie le point faible. Elle explique avec force arguments et en l'absence complète de preuves que monsieur se plaint pour rien, qu'il n'a fait aucun effort pour voir ses deux enfants depuis plusieurs mois et qu'il est parfaitement capable de travailler et de se déplacer puisqu'il est ici présent. Après tout, bien des personnes handicapées travaillent sans se plaindre.

Monsieur cherche une excuse pour ne pas payer de pensions alimentaires et ne pas voir ses enfants, voilà tout.

Je saisis la loi que j'avais sauvegardée dans mon iPad et je cherche les dispositions sur les handicaps, car j'ai la nette impression que l'avocate s'enfonce impunément dans la discrimination. Je trouve la page Internet que j'ai sauvegardée en format PDF, dans Dropbox :

> «La Loi canadienne sur les droits de la personne interdit toute discrimination à l'égard des personnes handicapées et l'article sur les droits à l'égalité de la Charte canadienne des droits et libertés garantit aux personnes handicapées la même protection et le même bénéfice de la loi car la loi ne fait acception de personne et s'applique également à tous[1].»

On y lit aussi que nul ne peut présumer de la condition d'une autre personne et, donc, que personne ne doit jouer au docteur, même pas une avocate ou un juge. On parle aussi de l'obligation d'aider une autre personne. Je relis une nouvelle fois le docu-

---

1. http://laws-lois.justice.gc.ca/fra/const/page-15.html, saisi le 15 septembre 2013.

ment, en essayant d'échapper au regard inquisiteur des autres personnes assises près de moi:

« CHARTE DES DROITS CANADIENNE :

Depuis le rapatriement de la Constitution en 1982, il y a eu la Charte canadienne des droits et libertés, qui codifie le rôle du gouvernement et qui a priorité sur les lois codifiées, les lois statutaires, les règlements, la jurisprudence, la doctrine et les us et coutumes.

La Charte garantit le droit à l'absence de discrimination, et toute personne est reconnue comme étant inviolable et ayant droit à son intégrité. La Charte spécifie aussi qu'aucun droit ne peut être exercé en vue de nuire à autrui ou d'une manière excessive et déraisonnable, allant ainsi à l'encontre des exigences de la bonne foi.

DROITS À L'ÉGALITÉ

Égalité devant la loi, égalité de bénéfice et protection égale de la loi... La loi ne fait acception de personne et s'applique également à tous, et tous ont droit à la même protection et au même bénéfice de la loi, indépendamment de toute discrimination, notamment des discriminations fondées sur la race, l'origine nationale ou ethnique, la couleur, la religion, le sexe, l'âge ou les déficiences mentales ou physiques.

HANDICAP PASSÉ OU PRÉSUMÉ

Le droit à un traitement égal sans discrimination fondée sur un handicap inclut le droit à un traitement égal sans discrimination fondée sur l'existence présumée ou réelle, actuelle ou antérieure, d'un handicap. »

Je me pince les jambes : je ne rêve pas. Il ne s'agit pas d'un cauchemar comme celui où j'avais vu Fannie, quelques nuits auparavant, se faire torturer à coups de mégots brûlants. Tout ce que la loi prévoit en matière de respect des droits humains est en train d'être bafoué, là, sur les lieux mêmes où on est sensé faire appliquer cette loi, et ce, devant témoins et magistrats, pire encore, avec l'accord tacite de ces magistrats.

Je suis tenté de sortir de la salle tant j'ai envie de vomir. Non, ce ne sont pas des malades mentaux, ce sont bel et bien des nazis. Il ne manque que la croix gammée sur leurs habits noirs et leurs bottes en cuir. Peut-être ces symboles sont-ils cachés sous leur robe noire, justement? Le manque de respect des droits humains, la logique du harcèlement psychologique, la mitraillette chargée d'insultes plutôt que de balles, tout y est.

Je fais un rapide calcul sur mon iPad: la juge a peut-être quatre-vingts cas aujourd'hui, c'est ce qu'une enquête récente, publiée dans le cadre d'une thèse de doctorat d'un étudiant de Toronto, a démontré: quatre-vingts cas en moyenne par jour. Si on fait le calcul, on arrive alors à ce résultat déconcertant: le juge ne va guère pouvoir consacrer plus de cinq minutes à chaque cas, y compris la lecture et la préparation des dossiers.

On en arrive donc à la loi que je souhaiterais célèbre, la loi du 300/300 millions.

Un juge prend 300 secondes pour décider des 300 millions de secondes de la vie d'un enfant, jusqu'à ce que celui-ci devienne autonome, puisqu'en moins de cinq minutes, un ou une juge décide du sort d'un enfant de dix ans jusqu'à ce qu'il atteigne l'âge de la maturité et/ou de l'autonomie. C'est exactement ce qui m'est arrivé: un juge avait pris moins de cinq minutes, ou 300 secondes, pour décider de mon sort pour les douze années suivantes, pour, disons, les 300 millions de secondes qui allaient suivre. Voilà donc le chiffre faramineux qui décrit notre système d'injustice; il est là, devant mes yeux, un vrai coup de fouet en pleine figure: 300/300 000 000 égale 1/1 000 000 ou 0,000001. Voilà ce que vaut la vie d'un enfant, que ce soit moi, ma sœur, Fannie ou une adolescente à qui les parents pakistanais ne peuvent pas parler ourdou quand ils le veulent.

Je suis en état de choc. Peut-être est-ce le même genre de raisonnement intérieur qu'a fait, inconsciemment, mon ami

Maxime, et peut-être est-ce cela qui le rend si malade : le constat que nous vivons dans une société corrompue à l'extrême, dont le système de justice est une mascarade grossière et mensongère, un retour camouflé au nazisme.

Zéro, virgule, 000001 : 0,000001. Le $E = mc^2$ de la justice canadienne.

Je lève les yeux, atterré. La juge décide qu'il faut attendre la conférence préparatoire qui aura lieu, au mieux, d'ici six semaines, et qu'elle ne voit pas l'urgence de la condition du père. L'affaire est classée.

Saviez-vous que, dès 1941, Hitler a mis en place un programme d'euthanasie contre les handicapés qu'il a commencé à mettre à exécution contre environ 90 000 Allemands habitant l'Allemagne, tout en tentant de le cacher à la population qui l'appuyait aveuglément dans sa folie guerrière ? On s'est aperçu du subterfuge meurtrier à coups de dénonciations et lorsque certaines familles commencèrent à recevoir des avis de décès illogiques : ainsi, un malade était mort d'une appendicite même s'il s'était fait enlever l'appendice des années plus tôt. Je n'hésite plus maintenant à épouser la comparaison qu'utilise mon ami Vincent entre les juges et les nazis en ces jours sombres où je regrette de m'être rendu dans les chambres à torture que sont les tribunaux en matière de divorce, me semble-t-il. Les juges canadiens, en tout cas ceux que j'ai vus en Ontario, (j'en ai vu une dizaine en tout, hommes et femmes), me semblent avoir pour objectif d'euthanasier les pères de famille pour le bien-être, bien sûr, des enfants de ces pères, ou plutôt des enfants de leurs mères, comme si on pouvait diviser des enfants en deux à l'aide d'une scie judiciaire et qu'une moitié d'eux n'en valait pas la peine. En euthanasiant le père (car dans tous les cas que j'ai vus, c'est toujours le père qui est stigmatisé), on élimine la moitié de leur bagage génétique… pour leur bien-être.

Je me dépêche de m'extirper du banc sur lequel j'étais assis, je referme mes carnets de notes et prends mon iPad, et je me dirige vers la sortie en enjambant les victimes qui attendent leur tour pour se faire ridiculiser. Je rejoins le père en larmes, douloureusement appuyé sur ses deux cannes, boitant et traînant sa misère. Il est abasourdi, prêt à s'écrouler, écrasé de douleur sur les deux colonnes de bois que constituaient ses cannes, encadré par la grande porte de la salle de torture close.

«Vous savez, lui dis-je en m'approchant de lui, vous pouvez toujours vous plaindre au Conseil des juges canadiens et dénoncer une violation fondamentale de vos droits.»

L'homme me regarde un instant, baisse la tête et me dit candidement :

«Je l'ai déjà fait. L'avocat principal m'a écrit qu'il donne raison à la juge qui a présidé à la toute première audience en ce qui concerne ma demande de restitution de mon Anatomotor. Il dit que je n'ai pas prouvé l'urgence de ma condition médicale.»

Il me tourne le dos et, arqué sur ses deux cannes, se dirige péniblement vers la sortie. Au moins six semaines de souffrance l'attendent sans qu'il n'y puisse rien. Je reste là, moralement et psychologiquement défait.

Que dire de plus?

Le prédateur en robe noire

....

«VOUS ÊTES SÛR?»

L'homme qui me pose la question est assis devant un café posé sur une table en plastique, dans une franchise d'une chaîne de restauration rapide. C'est un brigand et il a les manières d'un brigand. J'ai déniché ce type en fouillant d'abord dans les pages jaunes, puis dans les rubriques de journaux peu recommandables. Il se présente comme un expert en «espionnage», un «détective privé aux techniques efficaces», qui fournit un travail «à un prix abominable» (il a sans doute voulu dire abordable).

«Oui, c'est ce que je veux», lui dis-je.

«C'est risqué», ajoute-t-il en se redressant fièrement sur le dossier de son siège en plastique.

«C'est ce que je veux. Vous dites que vous êtes un détective efficace.»

«Ouin.»

Il fait glisser sa langue malodorante sur ses dents croches et jaunies, exposées comme les gencives d'un cheval. Il se penche vers moi.

«Ça va coûter cher.»

«Combien?»

«Vous avez combien?»

«Dites-moi votre prix», lui répliqué-je.

Je me recule pour éviter de sentir son haleine pestilentielle, tant par un réflexe défensif que par un éclair cognitif qui me fait penser qu'il pourrait me poignarder si l'envie lui en prenait. Que voulez-vous, il a une tête de truand. Mais j'en ai besoin pour mettre mon plan à exécution.

«Pourquoi tu fais pas la job toi-même?»

«J'ai du travail jusqu'au cou. Nous avons des dossiers accumulés plus haut que la tour Eiffel… et je ne peux pas risquer mon emploi.»

«Ouin.»

Il se rabat sur son siège en plastique… Je regarde autour de moi pour m'assurer que personne ne nous entend et qu'aucune caméra sournoise ne nous épie.

«Ce que je demande n'est pas criminel. Juste un peu inhabituel», lui dis-je, comme pour le rassurer, en sachant très bien qu'il cherche à faire monter la mise avec ses semblants d'hésitation.

«C'est risqué quand même», s'obstine-t-il.

«Votre prix?»

«Trois mille.»

Je fais semblant de m'étrangler dans mon verre d'eau. En fait, 3 000 $, c'est bien moins que ce que je m'attendais à payer. Je suis tellement remonté intérieurement que j'aurais payé le double. Je cache mon jeu.

«C'est beaucoup», dis-je.

«C'est risqué», répète-t-il avec un sourire espiègle et entendu, en ouvrant sa main droite et en la faisant à demi virevolter au-dessus de sa tasse de café.

«C'est beaucoup trop.»

«C'est très risqué… je dirais plutôt inhabituel.»

«Deux mille cinq cents», lui proposé-je.

«Trois mille.»

«Trois mille un, c'est mon offre finale.»

Tope là! Son visage s'éclaire et il esquisse un large sourire de satisfaction. Victoire! Il vient de gagner sa négociation. Nous discutons des détails du paiement et du travail à faire.

Si j'avais une tête sur les épaules, je dépenserais cet argent fou à payer un vrai détective capable de faire une enquête pour retrouver Fannie, mais je suis tellement bouleversé par mes visites au tribunal et l'injustice flagrante et méprisante que j'y ai vue que je n'ai que le mot «vengeance» sur les lèvres. Vincent a tout à fait raison: la pire chose à faire en cas de divorce, c'est de se fier uniquement à des avocats et des juges. Le système est corrompu, il a de la médiocrité et de la méchanceté gratuite dans son ADN, car il ne fait que pousser les parents à s'entredéchirer. Il faut un système objectif formé de médiateurs et non de prédateurs, il faut geler les avoirs des parents jusqu'à ce qu'une entente soit conclue, il faut éviter les escalades acrimonieuses, il faut que le gouvernement offre un appui financier aux deux parties pour éviter que l'argent joue un rôle excessif dans le cataclysme émotionnel du divorce, il faut un soutien psychologique gratuit couvert par l'assurance-maladie, il faut tout, sauf des pseudo-nazis. Or, tout ce que la société ne doit pas faire, elle le fait.

Mais je ne suis pas en mesure de changer la société. J'ai donc imaginé un autre plan. Il me faut les photos des juges que j'estime coupables, avec des extraits des audiences qu'ils ont présidées, ce qu'il est possible d'obtenir en les commandant au tribunal, au coût d'environ 50 $. Moi qui aime tant l'informatique, je vais créer un site Web où je mettrai, sans les accuser, les photos et les textes (en gardant le nom des parents et des enfants anonymes) pour montrer à tous qui sont les vrais bandits dans notre société. Après tout, le FBI met bien sur Internet le profil des personnes qu'il recherche. Je peux bien en faire autant. Si tout se passe bien, je suis convaincu qu'un grand nombre de pères maltraités (et peut-être un certain nombre de mères également victimes du système d'injustice) vont appuyer mes efforts. Les juges et les avocats coupables seront exposés dans leur stupidité et leur

cupidité. Internet déclenchera peut-être cette nécessaire révolu-
tion qui, sinon, n'a aucune chance de se produire.

Vous êtes peut-être surpris que je prenne de telles initiatives.
Mais souvenez-vous de mon passé. Après avoir vécu des expériences traumatiques dès l'âge de dix ans, je ne peux pas être un
enfant de chœur. Au contraire, adolescent, j'étais un rebelle, je
prenais de la cocaïne et je fus expulsé de plusieurs établissements
d'enseignement jusqu'à ce que, finalement, à vingt-six ans, je
décide de poursuivre des études en comptabilité à l'Université de
Montréal. Mais, entre dix et vingt-six ans, j'ai commis nombre
d'actes anti-sociaux et participé à bien des bagarres de rue qui
m'ont amené plus d'une fois devant le tribunal des jeunes délin-
quants.

La seule chose qui m'a sauvé a été mon succès scolaire. Pour
une raison que j'ignore, j'ai la bosse des maths et je n'ai jamais
eu de difficultés scolaires, même quand j'étais drogué ou expulsé
pour plusieurs mois ou que je décidais de m'expulser moi-même
parce que je m'ennuyais. J'arrivais toujours dans les cinq pre-
miers de la polyvalente ou du collège, bon an, mal an, en dépit de
mes rôles d'infirmier spécialiste en électrochocs ou en soins
ambulatoires. Ma sœur, fort malheureusement, n'avait pas ce don
et elle a été livrée à elle-même malgré un handicap d'apprentis-
sage, handicap que le système d'injustice a contribué à aggraver
jusqu'à aujourd'hui, quarante ans plus tard.

Mon désir de vengeance est donc resté cruellement intact,
même si j'ai achevé mes études supérieures avec la mention
«Distinction», même si je me suis trouvé un emploi dans une
grosse boîte où je me suis fait nombre d'amis, et même si j'ai
rencontré Brigitte, ma douce-moitié depuis plus de vingt et un
ans maintenant.

Au fond de moi, la rage de ce qu'on m'a fait vivre inutile-
ment, l'agonie de voir ma sœur dépérir misérablement, les excès
de ma mère entretenus par des avocats et des juges sans scrupule
et méchants dans chacune des fibres de leur être, l'absence d'un

père dont on m'a donné une image de monstre, tout cela m'habite en permanence et je continue de vivre en refoulant du mieux que je peux ces sentiments douloureux.

Les événements me rattrapent cependant: Maxime, Fannie, un pauvre chauffeur de camion, un père d'origine pakistanaise, une personne à mobilité réduite qui veut simplement pouvoir se soigner (par tous les grands dieux, il ne demandait même pas que l'État paie ses soins, il voulait seulement se soigner lui-même avec sa machine à traction), autant d'êtres humains dont on bafouait les droits, la dignité et les aspirations au bonheur sous l'éternel prétexte du bien-être des enfants et d'une justice qui a soi-disant fait ses preuves. C'est trop me demander. Il y a un bouchon de pierre qui retient mon volcan de colère intérieure. Et ce bouchon est à la veille de sauter comme le bouchon d'une bouteille de champagne que l'on fait sauter dans les soirées de réjouissances.

J'ai donc décidé de prendre les grands moyens et je souhaite encore aujourd'hui que d'autres suivent mon exemple partout dans le monde afin de dénoncer ceux qui détruisent des enfances innocentes par centaines, que dis-je, par milliers.

J'éprouve d'autant plus de sympathie pour l'homme aux cannes que je me suis moi-même souvent retrouvé en béquilles à cause de mon arthrose. Ma colère et mon incompréhension m'ont même poussé plus loin. De retour d'une audience de divorce en Ontario, j'ai eu l'idée de me présenter au Conseil des juges canadiens. En bas de l'immeuble où je me suis retrouvé, il y a un panneau indicateur des occupants. Nulle part vous ne voyez le nom du CJC. Vous interrogez les gens qui entrent et sortent de cet immeuble, mais personne n'est au courant. Vous prenez l'ascenseur et parcourez chaque étage, mais certains étages sont bloqués, on ne peut y avoir accès. Vous tentez donc votre chance par l'escalier de secours, mais les portes sont verrouillées de l'intérieur. Finalement, j'arrive au quinzième étage, si je me souviens bien, et, à l'aide d'un subterfuge, je réussis à y pénétrer. Là, je trouve enfin la porte qui mène au bureau chargé d'enquêter sur les juges, mais la secrétaire m'interdit d'entrer.

«On ne peut rencontrer personne.»

Je repars bredouille. Qu'a donc à cacher un organisme gouvernemental qui coûte cher aux contribuables et qui prétend qu'une personne handicapée doit prouver l'urgence de ses soins devant une juge qui joue au docteur, comme une enfant de six ans joue au docteur avec son petit frère?

Alors oui, il fallait bien que je trouve un moyen de dénoncer cette absurdité monstrueuse, faite de sinuosités intellectuelles et d'organisations qui jouent à cache-cache. Je n'ai trouvé que ce mécréant qui vient de quitter le restaurant pour m'aider à arrêter un plan somme toute inoffensif, qui consiste à dénoncer les comportements honteux de certains de nos juges et de certains de leurs acolytes, les avocats.

Un peu assagi par le baume de la promesse du pseudo-détective d'obtenir des photos des juges et des avocats coupables, je me dirige vers le bureau. Nous sommes le jeudi 2 août. Maxime me téléphone sur mon cellulaire. Il vient de recevoir les fameux documents.

Nous voilà tous assis autour de Maxime – Brigitte, Vincent et moi –, attendant avec impatience qu'il ouvre le premier document, le procès-verbal de l'audience qui va déterminer si oui ou non Maxime a été victime d'un traquenard ou si un juge a vraiment permis qu'une fille de huit ans, sa fille Fannie, sorte du pays à son insu et sans son autorisation.

Maxime nous lit le document:

«Le Juge Daly: Est-ce que les parties sont présentes?

Maria V.: Oui.

Le Juge: Oui? Approchez-vous. Vous êtes Maria V.?

Maria V.: Oui.

Le Juge: OK. J'ai lu votre documentation et je vois que la partie défenderesse n'habite plus près de chez vous, ou en tout cas, n'habite vraisemblablement plus près de chez vous. Vous avez communiqué avec un avocat pour tenter de la rejoindre et vous lui avez envoyé votre affidavit… il (je crois que cet avocat est un homme) l'aurait envoyé à votre mari. Et vous n'avez pas de nouvelles depuis, c'est ça?

Maria V.: C'est exact. Oui.

Le Juge: OK. Et votre requête consiste à vous permettre de mettre à jour le passeport de… s'agit-il de un ou de deux enfants?

Maria V.: Une.

Le Juge: Un… une enfant, à sortir du territoire pour des vacances, c'est ça?

Maria V.: Oui.

Le Juge: Vous ne voulez pas partir de manière permanente n'est-ce pas, je ne lis ça nulle part…

Maria V.: Oh non, non.

Le Juge: OK.

Maria V.: Son passeport est expiré…

Le Juge: Et je tiens pour acquis que vous n'avez reçu aucune réponse de votre mari à votre requête, c'est ça?

Maria V.: Rien. Je ne sais pas où il habite. Je n'ai pas de nouvelles de lui depuis plus d'un an.

Le Juge: Parfait. Avez-vous… Vous devez préparer une ordonnance, l'avez-vous fait?

Maria V.: Non.

Le Juge: OK. Je suis prêt à vous autoriser à obtenir le passeport, et je vais simplement préparer un document à cet effet pour les dossiers du tribunal. Mais vous devrez préparer vous-même une ordonnance officielle, dactylographiée. Mon personnel vous aidera.

Maria V. : OK. Merci.

Le Juge : Donnez-moi une minute. Je vais demander au registraire de faire appeler votre mari dans l'intercom de l'immeuble. Comment prononcez-vous son prénom? Maxime?

Maria V. : Maxime.

Le Juge : Maxime? Parfait.

Le nom du mari est annoncé dans l'intercom.

Le Juge : Asseyez-vous un moment, madame. Je vois que vous n'avez pas d'adresse, sauf l'adresse de son avocat, pour le contacter, c'est exact?

Maria V. : J'ai une vieille adresse, mais il a déménagé. Sincèrement, je ne sais pas où il se trouve.

Le Juge : Très bien. Je vois que vous n'avez pas d'avocat pour vous représenter, mais je vais vous demander d'écrire à cet avocat de votre mari…

Maria V. : Mmmm.

Le Juge : … pour lui envoyer une copie de l'ordonnance du tribunal quand elle sera signée…

Maria V. : OK.

Le Juge : … c'est-à-dire que vous pouvez obtenir un passeport pour votre fille, et que mon ordonnance sert d'autorisation de sortir du pays avec elle, pour des vacances.

Maria V. : OK.

Le Juge : Je vais vous lire l'ordonnance dont vous ferez une copie, et mon personnel vous aidera à préparer l'ordonnance finale : *Je suis satisfait des preuves déposées devant moi. Monsieur a probablement reçu l'affidavit de la partie demanderesse, dans lequel madame lui signifie qu'une requête est déposée contre lui. J'ordonne que la partie demanderesse envoie une copie de mon ordonnance à l'ancien avocat de la partie défenderesse et j'autorise la partie demanderesse à sortir du pays avec sa fille pour des vacances.*

Maria V.: Merci, votre honneur.

Le Juge: Est-ce que vous comprenez?

Maria V.: Oui.

Le Juge: Bon, alors je dis que le personnel du tribunal va vous faire une copie et vous devrez…

Maria V.: … faire un document officiel pour signature, c'est ça?

Le Juge: Bien, vous devrez aller voir le personnel et préparer une ordonnance officielle pour qu'elle soit signée et enregistrée dans les dossiers du tribunal.

Maria V.: OK.

Le Juge: OK?

Maria V.: OK. Merci.

Le Juge: Merci.

L'affaire est classée.»

Maxime chiffonne le document.

«Il s'est passé quelque chose, c'est pas croyable!» dis-je, estomaqué.

Vincent, féru de mathématiques et de chiffres comme moi, replace ses petites lunettes rondes sur le bout de son nez et se met à parcourir le texte à toute vitesse après l'avoir arraché des mains de Maxime et déplié nerveusement:

«Maria V.: Oui. (Un mot.)

Maria V.: Oui. (Un mot.)

Maria V.: C'est exact. Oui. (Quatre mots.)

Maria V.: Une. (Un mot.)

Maria V.: Oui. (Un mot.)

Maria V.: Oh non, non. (Trois mots.)

Maria V.: Son passeport est expiré… (Quatre mots.)

Maria V.: Rien. Je ne sais pas où il habite. Je n'ai pas de nouvelles de lui depuis plus d'un an. (Vingt et un mots.)

Maria V.: Non. (Un mot.)

Maria V.: OK. Merci. (Deux mots.)

Maria V.: Maxime. (Un mot.)

Maria V.: J'ai une vieille adresse, mais il a déménagé. Sincèrement, je ne sais pas où il se trouve. (Dix-huit mots.)

Maria V.: Mmm. (Un demi-mot.)

Maria V.: OK. (Un mot.)

Maria V.: OK. (Un mot.)

Maria V.: Merci, votre honneur. (Trois mots.)

Maria V.: Oui. (Un mot.)

Maria V.: … faire un document officiel pour signature, c'est ça? (Neuf mots.)

Maria V.: OK. (Un mot.)

Maria V.: OK. Merci. (Deux mots.)»

«Ça fait dix lignes monosyllabiques sur vingt. Cinquante pour cent de monosyllabes! Soixante-seize mots et demi.» Mon cerveau de comptable est complètement allumé.

«Dix lignes monosyllabiques pour décider qu'une enfant de huit ans sorte de son pays, à l'insu de son père qui en a la responsabilité conjointe», dit Vincent dont le visage devient rouge de colère.

«Mais pourquoi avoir fait appeler Maxime dans l'intercom?» demande Brigitte.

«Le juge veut montrer qu'il a tout fait pour rejoindre le père, au cas où sa décision serait remise en cause», lui dis-je.

«Mais c'est ridicule! fit Vincent, qui se lève brusquement. On n'a qu'à taper le nom de Maxime sur Internet pour y trouver, dès les deux premières lignes, son adresse et ses numéros de téléphone au travail et chez lui. Et le gouvernement qui recueille les pensions alimentaires a son adresse. C'est ridicule, c'est un mensonge éhonté.»

«On ne peut pas mieux dire», dis-je en me levant moi aussi. Il suffit à une mère d'émettre dix monosyllabes pour faire fi de la procédure de signification obligatoire, sur laquelle tout système de justice normal est fondé, et d'une ordonnance précédente, toujours valide, reconnaissant la responsabilité du père, pour envoyer une petite de huit ans là où on ne la retrouvera peut-être jamais.»

«Ce sont des malades mentaux», dit Vincent.

«Des nazis». J'en suis désormais convaincu. Je me sens comme mon père tout à coup: lui aussi avait combattu les nazis – les vrais.

Vincent, plus féru que nous tous sur les questions de droit, conseille à Maxime de revoir des jugements passés. Ce n'est pas la première fois qu'un juge interprète la loi à sa façon. On se souvient que dans l'affaire Vriend v. Alberta en 1995, la Cour suprême a décidé à toutes fins pratiques d'imposer sa manière de voir les choses à l'article 15 de la Charte canadienne des droits et libertés.

«Alors, la petite a déjà quitté le pays, et si quelque chose lui arrive, à elle ou à la mère, note Brigitte, il n'y aura rien ni personne pour l'aider. Rien. Ce juge vient de jeter Fannie dans un abysse.»

Oui, il y a de quoi se rendre malade avec tout ça.

«Vous savez ce que ça veut dire? dit Maxime qui n'est plus que le reflet maladif de lui-même. Même si Fannie revient au

Canada, je ne pourrai plus jamais la voir. Il suffira à la mère de déposer une requête devant un tribunal contre moi, sous n'importe quel motif, sans que je sois informé, et je me retrouverai en prison.»

La conclusion de Maxime est aussi vraisemblable que terrible. Il ne lui sera plus permis de vivre en paix avec sa fille, de la voir. Il n'a aucune protection contre un système d'injustice qui joue impunément avec les procédures et les lois, sans aucun respect pour le vrai bien-être des enfants.

Brigitte avait ouvert l'autre lettre, celle du Conseil des juges canadiens, peut-être en espérant que l'avocat principal prendrait la cause à cœur et reconnaîtrait la trahison du juge. Mais nous fûmes tous déçus, voire choqués :

«Monsieur,

Le directeur exécutif n'ouvre pas un dossier concernant une plainte contre un juge dûment choisi par le gouvernement fédéral si elle est clairement déraisonnable et qu'elle constitue un abus indéniable de la procédure de plainte.»

Brigitte, Vincent et moi nous nous regardons comme trois orignaux regardent passer les trains dans les Rocheuses de l'Ouest canadien. Maxime est perdu – il n'a plus aucun recours. Il est même trop tard pour faire appel. Écrire à des sénateurs ne donnera rien : plusieurs d'entre eux ont déjà maille à partir avec la justice ! Fannie a été littéralement kidnappée grâce aux tactiques approbatrices d'un magistrat canadien.

Sur ces entrefaites, nous constatons que Maxime a quitté la pièce. Nous finissons par le retrouver accroupi dans la salle de bains, un bras appuyé sur le siège de toilette, l'autre tenant son ventre, sous les photos de Fannie qui tapissent les murs.

La fabrication du père absent

. . . .

DE LOIN, ON DEVINE QU'IL S'AGIT D'UN HOMME, MÊME VU DE dos. Son pas solide, l'arc de ses jambes et ses bras, sa vitesse de déplacement, le poids de son sac à dos, tout cela trahit le sexe masculin.

L'homme escalade le mont Svinica, dont le sommet atteint deux mille trois cent un mètres et qui fait partie de la chaîne des Tatras. Parfois appelée les petites Alpes, cette chaîne de montagnes, qui chevauche la Slovaquie et la Pologne, a donné son nom à une unité militaire allemande pendant la Seconde Guerre mondiale.

L'escarpement est fait de roches, et le chemin étroit que suit l'homme est censé mener à une petite auberge qui sert de relais aux randonneurs et aux alpinistes et qui fait à moitié concurrence aux stations de ski toutes proches. Rien ne garantit que ce relais existe toujours, qu'on y trouvera quelqu'un ou quelque chose, ou que les longues heures de marche en auront valu la peine.

En ce mercredi 12 septembre 2012, le soleil brille sur les Tatras et le vent est tombé depuis les petites heures du matin. Mais cela n'empêche pas notre homme de poser un pied déterminé sur les roches qui parfois glissent sous son poids, toujours plié à vingt degrés vers l'avant pour tenter de déjouer l'effet de contrainte qu'exerce sur lui la pente abrupte de la montagne. La sueur coule à grosses gouttes sur son front, à mesure que son ascension le rapproche de son but. De temps à autre, il s'arrête pour reprendre son souffle et contempler les sommets surmontés d'arêtes et d'aiguilles de granite qui l'entourent.

Cet homme, c'est Maxime. Ce qu'il espère trouver là-haut, dans ce coin perdu, ce relais qui fait office d'auberge improvisée, c'est Fannie, sa fille.

Aussitôt remis de sa dernière crise d'anxiété, dans son appartement de Montréal, Maxime décide de préparer un plan d'attaque. Il est prêt à se battre. En effet, ses crises ont rapidement cessé grâce aux benzodiazépines et à la suppression de stimulants comme le café, le chocolat et l'alcool, et grâce aussi à une meilleure compréhension de ce qui lui arrive: il sait désormais à quoi il a affaire (à un système d'injustice pourri jusqu'à la moelle), et ça vaut mille fois mieux que de ne pas savoir. Il a demandé un congé limité sans solde à monsieur Gagné, le patron de notre entreprise comptable et, contrairement à toute attente, il l'a obtenu sans problème.

Le 3 septembre, jour de la rentrée scolaire, il téléphone à l'école primaire qui doit normalement accueillir Fannie. Cette fois-ci, on se montre plus coopératif et on lui confirme que sa Fannie n'est plus inscrite. Il apprend aussi que l'école détient une copie de l'ordonnance du tribunal lui donnant accès à Fannie une fin de semaine sur deux, mais que cette ordonnance ne spécifie pas qu'il a le droit de s'enquérir de sa fille par téléphone. Aussi lui laisse-t-on entendre, sur un ton très pointu, qu'il se trouve en situation d'outrage au tribunal. Il est clair que la directrice de l'école se sent toute-puissante.

Il téléphone aux autres écoles avoisinantes et j'en fais autant. Brigitte et Vincent se joignent à nous mais en vain. Maxime décide donc de prendre son sac à dos et de s'embarquer pour Bratislava, capitale de la Slovaquie, pays natal de Maria V. Oh! il a bien pensé déposer une requête urgente pour faire annuler le jugement, recours qu'il faut utiliser dans le mois suivant le jugement, mais il sait que c'est peine perdue. Le système s'autoalimente de sa bêtise et de ses mensonges, et Fannie, de toute manière, a quitté le pays depuis belle lurette, il en est convaincu.

L'avion fait escale à Francfort et, dans cet immense aéroport qui est presque une ville, où on trouve des salles où dormir et se doucher, il a l'impression d'être suivi, même épié. Il ne sait exactement. Quand il me téléphone en attendant sa correspondance, il me dit avoir cette sensation horrible de ne pas être seul, de vivre un anonymat forcé au milieu d'une foule constamment en mouvement mais qui grouille d'yeux inquisiteurs. Je me dis: *Ma parole, il souffre d'hallucinations comme moi!* Je lui conseille de se ressaisir et de se souvenir de la précipitation avec laquelle il a pris la décision d'aller interroger la famille slovaque de Maria V. pour savoir où, exactement, se trouve sa fille.

Maxime est en effet persuadé que Maria V. a quitté le Canada, avec l'accord éhonté d'un juge qui joue avec les procédures comme un criminel joue avec les lois sociales, et qu'elle a emmené Fannie, probablement pour s'établir définitivement en Slovaquie. Le patron du bureau de Max Realties Inc., où travaille son ex, a refusé de donner la moindre information. Les appels interurbains aux parents de Maria V. sont restés sans réponse. Maxime sait qu'il ne pourra pas revoir sa fille au Canada même si elle s'y trouve encore: c'est prendre le risque que la mère dépose une requête en Cour supérieure, sans l'informer en bonne et due forme, et qu'un juge accepte de l'entendre et lui donne raison à coups de monosyllabes.

À l'extérieur du pays, par contre, Maxime peut faire ce qu'il veut. Il a le droit, estime-t-il, de retrouver sa fille, quitte à ne jamais pouvoir revenir au Canada – car il pourra toujours être accusé de ne pas avoir respecté l'ordonnance du tribunal dont la directrice de l'école élémentaire lui a rappelé l'existence, non sans ironie.

Il débarque à Bratislava et reconnaît le paysage. Rien n'a beaucoup changé depuis son dernier séjour deux ans auparavant, même s'il y a plus de constructions immobilières. Les journaux relatent encore des histoires d'influence de la pègre russe sur le gouvernement local et les institutions diverses, dont la plupart des médias. Un ministre du gouvernement, un oncle de Maria V., a même disparu depuis trois ans. Sa femme et ses enfants, Dalibor et Sasha, pensent qu'il se terre quelque part sur une île lointaine pour échapper aux *mafiosi* russes, tous issus du démantèlement des unités de l'armée russe et du KGB à la suite des nombreux remous politiques qui ont marqué la Russie dans les dix dernières années. En réalité, personne ne sait ce qu'est devenu ce ministre. Peut-être repose-t-il deux mètres sous terre, avec un poignard dans le dos, ou six mètres sous l'eau, avec un bloc de ciment attaché aux chevilles?

Quoi qu'il en soit, le centre-ville de Bratislava n'a pas changé. Maxime ne peut s'empêcher de comparer ce centre, somme toute assez modeste avec ses boutiques de cristal de Bohême, au centre-ville de la grande métropole de l'Europe de l'Est: Prague. Oui, Prague est magnifique, mais ce n'est pas le pont Charles qui a marqué Maxime lorsqu'il l'a visité avec Maria V., son ex, et sa fille, âgée de trois ans à l'époque. Le pont est assurément plus romantique que le pont Champlain de son Montréal natal, mais le château de Prague ou le belvédère de la colline de Petrín, auxquels on peut accéder en montant deux cent quatre-vingt-dix-neuf marches depuis Vltava, n'ont pas leur pareil. Et puis, ils avaient passé des soirées entières, en couple d'amoureux, à écouter la symphonie «Má Vlast» [Ma patrie] de Smetana et des journées complètes à admirer les œuvres de Mucha, artiste avant-gardiste au style proche de celui de Toulouse-Lautrec.

Il préfère nettement la République tchèque à la Slovaquie et se demande pourquoi, au bout du compte, il a choisi une Slovaque pour compliquer sa vie plutôt qu'une Tchèque.

Hitler a su exploiter la différence culturelle entre Tchèques et Slovaques, qui est substantielle malgré la similitude de leurs langues. C'est en manipulant les uns contre les autres qu'il a conquis ce qui était alors la Tchécoslovaquie, après avoir envahi l'Autriche sous l'acclamation de la population. Tout le monde sait que la Tchécoslovaquie a été reconstituée après la Deuxième Guerre mondiale avant d'être redémantelée dans les années 1990, à la suite du divorce, dit «de velours», entre la République tchèque et la Slovaquie. Pas étonnant que ce divorce ait été civilisé, puisque aucun juge canadien n'y participait!

Les souvenirs de Prague envahissent l'esprit de Maxime à mesure qu'il gravit le mont Svinica. C'est là que ses recherches l'ont conduit pour trouver des traces du passage de sa fille, après sa rencontre avec les parents de Maria V., deux jours plus tôt.

Lorsqu'il a sonné à leur porte, les parents n'ont pas voulu répondre. La mère de Maria V., fumeuse invétérée, s'est retranchée dans son salon. Elle a appelé Durko, son mari, en renfort. Mais celui-ci a fait le contraire de ce que sa femme espérait qu'il fasse : il a souhaité la bienvenue à Maxime et l'a laissé entrer. Il ne se souvenait plus que Maxime et sa fille, Maria, étaient à couteaux tirés. Le bol de médicaments qu'il prend chaque jour lui fait plus de mal que de bien, et il oublie tout, perd souvent l'équilibre, et se promène parfois dans la rue avec une hache à la main, entre les voitures qui l'évitent de justesse à grand renfort de coups de klaxon.

Maxime est donc fort surpris de pouvoir pénétrer dans l'enceinte parentale de Maria et se dépêche d'observer les moindres détails de l'appartement, pitoyable, sale et jauni par la cigarette, qu'habitent Dominika et Durko. Il ne détecte rien. Pas un jouet, pas un vêtement, pas un bonbon, pas la moindre trace d'une enfant ou d'une agente immobilière de chez Max Realties Inc.

«Que veux-tu?» lui demande Dominika, anxieuse. Maxime lui répond dans un slovaque rouillé :

«Je suis désolé de vous déranger. J'aurais dû téléphoner en arrivant, ce matin à Bratislava, mais...»

«Tu veux un café?» lui demande Durko, dont l'humeur ce jour-là est au beau fixe.

«Merci, je ne bois plus de café…»

Maxime pense un moment que le couple âgé n'a, en fait, rien à cacher.

«Je cherche Maria… et surtout je cherche Fannie.»

«Nous ne savons pas où elle est», réplique sèchement Dominika, toujours calée dans son sofa des années quarante, allumant une cigarette après l'autre.

Maxime, dont les crises d'anxiété ont cessé il y a quelque temps, n'en demeure pas moins vulnérable. Sa voix est toujours rauque et il doit régulièrement retenir ce reflux quasi irrésistible qui lui fait manquer d'air malgré lui et qui fait que ses poumons se vident et son larynx se referme comme des portes d'écluses. Il ne pourra rester là longtemps au milieu de la fumée toxique que se plaît à expirer Dominika.

Tout juste a-t-il le loisir de discuter des endroits où pourrait éventuellement se trouver Fannie. Dominika l'a aiguillé en lui donnant l'adresse d'un oncle qui l'a accueilli le lendemain et qui croit avoir entendu dire que Maria a décidé de s'isoler de tout, pour réfléchir à sa vie et à son avenir, dans les montagnes où elle a passé une partie de son enfance en camps de vacances: les Tatras. L'oncle, Zlatan, qui habite un petit appartement décoré de signes à formes géométriques bizarres et qui ne semble pas plus sincère qu'un juge canadien, a fourni le seul fil conducteur qui permettra peut-être à Maxime de retrouver sa fille. Depuis que j'ai raconté à Maxime mon rêve sordide, il est plus que jamais convaincu que quelque chose se trame, que sa fille est en danger et qu'elle a besoin de lui. Un juge canadien a outrageusement fait fi des procédures et des lois pour satisfaire les désirs les plus dangereux de la mère, et voilà qu'une enfant de huit ans était en danger, peut-être même en danger de mort.

Maxime m'appelle pour m'expliquer ce dernier dénouement. Je lui fais part de mes doutes quant à la sincérité de l'oncle Zlatamachintruc, et ajoute qu'on cherche, en fait, à l'éloigner de sa fille.

Mais Maxime, comme vous avez pu le constater, a la tête dure. Et qui pourrait le lui reprocher? Il veut retrouver sa fille, coûte que coûte. On sous-estime souvent l'attachement d'un père pour ses enfants et l'importance de la relation des garçons et surtout des filles à la figure paternelle.

Je suis bien placé pour le savoir. J'ai dû me battre pour obtenir la reconnaissance de mon père, pour reconquérir son cœur meurtri, et ma propre relation à mon fils a été parfois difficile. C'est comme si les injustices commises à mon égard depuis que j'ai dix ans avaient fait leur bout de chemin jusqu'à la relation à mon fils. Je ne saurai jamais si mes graves problèmes d'arthrose sont la conséquence psychosomatique des abus du système d'injustice à mon égard, mais une chose est sûre, ce système m'a empêché de prendre mon fils dans mes bras lorsqu'il était nourrisson et de jouer avec lui au football lorsqu'il avait huit ans, lui aussi. Et je sais combien il est pénible de savoir qu'on ne reverra plus son enfant. Le jour où Guillaume, mon fils (que je surnomme parfois Bill, car c'est là le diminutif anglophone), s'est égaré au Centre Bell où nous étions allés voir une partie de hockey des Canadiens de Montréal, j'en ai perdu mon sang-froid et je me suis mis à crier à tue-tête, bousculant les gens à gauche et à droite pour tenter de retrouver mon bambin. Je me souviens aussi que Maxime a déjà perdu un enfant: son fils et demi-frère aîné de Fannie, dont il ne parle jamais. Nul doute que Maxime se dit: *J'ai déjà perdu un fils, je ne perdrai pas ma fille.* Il fera tout, même l'inimaginable, pour ne pas souffrir encore à la mesure de ce qu'il a enduré.

Pour un père, être séparé de son enfant est une douleur immense, quasi insurmontable. Souvent les pères, pour se protéger, préfèrent couper tout lien émotionnel; un tour de force, du reste, que peu de femmes sont capables de faire, peut-être pour des raisons biologiques. Et je sais, pour en avoir discuté avec des hommes, combien certaines femmes savent utiliser la torture psychologique pour blesser leur ancien conjoint. Un père m'a raconté comment son ex lui envoyait des photos de leurs enfants dans le seul but de pouvoir dire à un juge, lors du prochain épisode d'acrimonie judiciaire, qu'elle faisait tout ce qu'elle pouvait pour rapprocher les enfants du père. Au même moment, cependant, elle l'empêchait de les voir en utilisant des tactiques puériles, prétextant par exemple n'avoir pas bien compris où se trouvait le point de rencontre pour le transfert des enfants d'une voiture à l'autre. Face à ce genre de torture psychologique savamment orchestrée, le père a décidé de ne plus jouer le jeu et de couper tout lien. Le juge a conclu, en bon prédateur, que le père était un incapable qui refusait d'assumer ses responsabilités et il lui a donc ordonné de payer davantage d'activités extra-scolaires pour ses enfants. Un père n'a pas le droit d'aimer, un père n'a pas le droit de se soucier de ses enfants, un père n'est plus qu'une banque à partir du moment où la mère et le magistrat partagent le même lit de l'aliénation parentale, ce qui est de plus en plus fréquent au Canada et ailleurs.

C'est du moins ce que pensent bien des pères, dont Maxime. Et bien plus que la logique froide dont il use habituellement dans son rôle de comptable financier, c'est surtout la douleur qui guide maintenant ses gestes impulsifs, ses actions à l'emporte-pièce, sa vision d'un retour à la normale : lui, tenant sa fille dans ses bras, elle, trouvant un réconfort tout naturel dans les siens.

Mais c'est rêver en couleurs. Les pères craignent de toucher leurs enfants une fois qu'ils deviennent une banque au service de l'État et de ces dames. Tout risque d'être interprété négativement, même un contact physique anodin rempli d'amour et de joie. Cet argent, qui dicte les règles arbitraires du tribunal de la famille et le comportement haineux de certaines femmes (et de certains hommes, il ne faut pas se le cacher), a des relents de quelque chose, contrairement à l'argent de tous les jours : des relents de mort, la mort d'une relation que toute fillette devrait librement avoir avec son père.

Et encore une fois, je suis bien placé pour partager la peine de Maxime à mesure qu'il approche du relais situé au sommet d'une montagne des Carpates. J'ai vu ma sœur se faire rejeter par mon père en même temps que moi, lorsque nous étions allés le voir à l'âge de vingt-deux ans. Il avait deviné les intentions de notre mère – se servir de nous pour lui arracher de l'argent – et il nous avait dit: «Non, merci». Un jugement, douze années plus tôt, l'avait forcé à se protéger du mieux qu'il le pouvait. Ma mère avait été tellement détestable qu'il nous associait maintenant, ma sœur et moi, non pas à des moments de bonheur doux et innocents, mais à des problèmes et des aventures judiciaires injectées de vitriol. Ainsi, le tribunal d'injustice avait-il obtenu l'effet inverse de ce qu'il prétendait préserver, obtenir, souhaiter et encourager, à savoir le bien-être des enfants. Ma sœur, donc, depuis ses dix ans, a vécu en se sentant rejetée tant par notre père que par notre mère, un sentiment qui ne peut qu'anéantir son estime de soi, étouffer son désir de vivre dans le bonheur et faire disparaître tout ce qui lui reste de confiance envers les autres.

Maxime est mu par le chagrin et non plus par l'incompréhension. Ce chagrin d'un père à qui on arrache la joie de vivre, la fierté, le sens de toute une vie. Je ne peux pas le blâmer, mais je reste convaincu qu'on le trompe volontairement, là-bas, à des dizaines de milliers de kilomètres, tout comme on l'a arnaqué ici, sur sa terre canadienne natale. Mais il ne veut rien entendre.

Et, malheureusement pour lui, son arrivée au relais, au milieu de la journée, me donne raison. Il n'y a personne. En fait, ce n'est pas une auberge, et une vieille pancarte de bienvenue pend lamentablement sur la porte d'entrée. Il est évident que Maria V. et Fannie ne sont pas passées par là.

Maxime s'assoit sur un tabouret en bois qui trône au milieu de la pièce et enfonce son visage dans le creux de ses mains, pleurant à chaudes larmes.

Quand reverra-t-il sa Fannie?

Pauvreté émotionnelle
et richesse mal placée

«J'AI UN PAPIER ICI INDIQUANT QUE VOUS DEVEZ PAYER UNE pension alimentaire. Vous la payez, n'est-ce pas?»

Une pile de documents est accumulée sur une large table en chêne, décorée somptueusement et couverte de bibelots dont chacun semble originaire d'un pays exotique différent et vaut probablement une fortune. L'homme qui vient de parler est un assistant de l'ambassadeur du Canada à Bratislava, Slovaquie. Il a un fort accent anglophone mais son français est remarquable, sauf pour la prononciation. On a l'impression qu'il parle avec une pomme de terre chaude dans la bouche. Il a été mandaté pour rencontrer Maxime, qui a sollicité une rencontre au plus haut niveau, pour une affaire sérieuse.

«Je ne suis pas venu ici pour discuter de la pension…»

L'assistant l'interrompt.

«I understand, mais vous devez aussi comprendre que la loi doit être respectée. Tenez, ici, voici une ordonnance récente qui permet à votre femme…»

«Ex-femme», s'empresse de corriger Maxime.

«Bon, comme vous voulez, mais je n'ai pas de document qui dit que vous êtes divorcés. Enfin bref, cet autre document ici est une ordonnance qui permet à madame et à votre fille de… quitter le Canada.»

«C'est justement là le problème», dit Maxime en essayant de forcer l'assistant à porter attention à sa cause.

«I understand, mais il n'y a pas de problème. Votre accès à votre fille… Fannie je crois, est clairement défini par l'ordonnance du tribunal. En fait, vous ne devriez même pas chercher à entrer en contact avec elle. Il faut suivre les règles. La Cour a ses règles, elle suit ses règles. Vous devez suivre les règles, si vous me permettez de vous le dire. Nul n'est au-dessus de la loi.»

L'assistant, grassouillet, impeccablement rasé et visiblement habillé chez un tailleur, s'enfonce dans son siège de cuir noir pointillé de clous dorés et esquisse un sourire de contentement qui semble lui écarter encore davantage les mâchoires.

«Vous avez raison. Mais laissez-moi vous expliquer…»

Maxime se lance dans une explication avec force détails, pendant qu'il revoit mentalement les images de sa fille Fannie aux prises avec les diverses situations qu'il décrivait. Il en arrive à faire le compte rendu de son ascension du mont Svinica dans les Tatras, quelques jours auparavant, dans l'espoir de retrouver sa fille, et à expliquer comment, lorsqu'il est finalement descendu des sommets à la fin de la journée, exténué, il a trouvé sa voiture louée martelée à coups de pioche. Le pare-brise, les quatre pneus et la portière du conducteur étaient très abîmés.

«Ce n'est pas surprenant, fait remarquer l'assistant, la Slovaquie n'est plus ce qu'elle était. Il y a des voyous partout, même au Canada.»

«C'est quand même étrange, ajoute Maxime, on dirait qu'on tente de m'intimider. Je me demande si cet oncle Zlatan dont je vous ai parlé n'a pas quelque chose à voir avec la disparition de ma fille.»

«I understand, mais rien ne prouve que votre fille soit revenue en Slovaquie.» L'assistant manipule nerveusement une chaînette de laquelle pend une sorte de rectangle argenté traversé par une barre verticale. «Si ça se trouve, elle est peut-être encore au Canada, ou alors sa mère l'a emmenée au Mexique pour des vacances…»

«Des vacances au début de l'année scolaire?»

L'assistant croise les mains sur le pupitre qui semble soudain gigantesque, pointe son regard au fond de celui de Maxime et s'avance en disant, sur un ton froid et implacable:

«I understand, mais il y a une ordonnance du tribunal. Nous ne pouvons rien faire. Nous ne pouvons rien faire pour vous.»

C'est une phrase que Maxime a déjà lue, mot pour mot, dans des lettres des ministères de la Justice fédéral et provincial et de l'Ombudsman ontarien, à qui il a, il n'y a pas si longtemps, demandé de l'aide. Maxime sait qu'il fait face à un mur. De plus, l'assistant, même s'il semble le prendre en grippe plutôt que de montrer de la sympathie, a raison: le fait est qu'il existe une ordonnance, obtenue certes de manière frauduleuse, mais une ordonnance quand même, énoncée par un juge, entérinée par un juge, un juge dûment nommé par le gouvernement.

Dans ce portrait désolant, Maxime n'est rien, sinon qu'une machine à sous.

Il sort dignement du bureau de l'assistant et se dit, aussitôt franchies les portes grillagées de l'ambassade, que le fonctionnaire n'a rien compris. Maxime est livré à lui-même. Il regagne la chambre du petit hôtel où il est descendu. Tout au long de son parcours, il ne peut s'empêcher de ressentir le même regard inquisiteur qu'à Francfort. Pour se changer les idées, il sifflote un air de Mozart qu'il affectionne tout particulièrement et qu'il a joué au piano quand il étudiait la musique.

Nous sommes le lundi 17 septembre 2012. Maxime se rallie maintenant à mon point de vue: il y a quelque chose de bizarre. La belle-mère sait quelque chose. Elle avait l'air coupable. Comment une mère peut-elle ne pas savoir où sa fille et sa petite-fille se trouvent? Cela ne tient pas la route. L'oncle Zlatan a volontairement envoyé paître Maxime dans des prés escarpés, mais confronter l'un ou l'autre ne donnerait rien et, en plus, Maxime se sent en position de vulnérabilité. L'assistant de l'ambassadeur du

Canada avait l'air d'avoir une dent contre lui et si jamais il gaffe, personne ne sera là pour le défendre. Il sera seul.

Maxime me téléphone pour m'expliquer la situation. Je lui conseille de revenir au Canada – on a besoin de lui au boulot –, mais il ne veut rien entendre. Je vous l'ai dit : Maxime est une tête de mule. Ça le sert merveilleusement bien lorsqu'il doit interroger des hommes d'affaires qu'il soupçonne de fraude économique, mais ça joue contre lui dans la vie de tous les jours. Maxime m'explique son plan : il va espionner, en quelque sorte, l'oncle Zlatan, le suivre, observer ses allées et venues, prendre note de ses activités et de ses arrêts aux bistros, cafés, librairies et autres adresses où il se rend. Il me téléphonera une fois par semaine pour me rendre compte de ses découvertes. Dans son for intérieur, il sait que sa Fannie est en Slovaquie. Entretemps, Maxime me demande un service :

«David, s'il te plaît, va chez moi, et relis toute la documentation liée à la demande de divorce de Maria. Fouille tout : les affidavits, les lettres interminables de son avocat, les ordonnances, toute la paperasse. Il doit y avoir une piste quelque part.»

J'acquiesce, même si je doute que ça serve à quelque chose. Je dois attendre le mercredi 19 septembre pour commencer à éplucher ses documents. J'entre chez lui, cette fois sans défoncer sa porte (qu'il a fait réparer depuis), et je me mets à fouiller. Je trouve quelque chose de bizarre à son appartement ; certes, il est sobrement meublé, mais d'habitude, Maxime est un homme rangé et propre. Là, devant moi, l'ordre normal des choses ne semble pas respecté : un tiroir sous le lavabo de la salle de bain est mal fermé, un rideau n'est pas complètement tiré. Quoi qu'il en soit, j'allume les lampes, je fouille dans sa penderie et j'y trouve trois boîtes de documents que je me mets à lire.

Je ne rentre chez moi que vers minuit et demi, épuisé. Brigitte m'accueille un peu sèchement :

«Pis, t'as trouvé quelque chose ?»

Mon fils, Guillaume, qui est habillé et coiffé comme la *chienne à Jacques*, et qui vient probablement de rentrer d'une soirée de beuverie avec des copains, en rajoute une couche:

«Pis, le détective?»

Je prends ces remarques avec un grain de sel et m'en vais me coucher. Le lendemain soir, je retourne chez Maxime, mais cette fois-ci avec Vincent. Celui-ci va m'aider à relire les documents. Lorsqu'il voit les trois boîtes, il se met à rire:

«C'est ça, le trésor de Maxime?»

«Ben, oui». Je ne vois pas où Vincent veut en venir. Il s'esclaffe encore.

«Tu devrais voir le mien! Dix-huit boîtes! C'est facile, après sept années de séparation, car mon ex a repris les hostilités et le juge est entré dans son jeu. On m'a demandé de fournir toutes mes déclarations de revenus depuis notre séparation sous prétexte que je cachais de l'argent, toutes les copies des relevés de cartes de crédit, tous mes relevés bancaires, toutes mes transactions d'assurance-vie/automobile/maison, mes relevés financiers y compris mes paiements hypothécaires, mes remboursements d'impôts, etc., etc., etc. Comme la majeure partie de cette documentation n'était plus disponible, le délai légal étant largement dépassé, j'ai dû payer des milliers de dollars pour récupérer les documents.»

«Quelle histoire!»

«J'ai dû passer au moins deux heures par jour pendant trois mois à fouiller, classer, retracer, calculer. Tout ça pour qu'un juge *à la con* n'y consacre même pas une minute. Si tu fais un calcul rapide, un père pris dans un tel engrenage aurait pu passer toutes ces heures, soit cent quatre-vingts heures ou plus d'une semaine, à prendre soin de ses enfants. Mais non, il faut toujours envenimer les choses.»

«Et tu t'es laissé faire?»

«Mon petit vieux, me dit Vincent, tout en replaçant d'un air condescendant ses lunettes rondes sur le bout de son nez, que veux-tu que je fasse? Le mieux que mon avocat a trouvé a été de demander la même chose à ma *future ex*, en faisant valoir que j'allais demander une pension alimentaire.»

«Tu voulais qu'elle te verse une pension chaque mois?»

«Ben oui! Comme elle prétend que je suis un malade mental, alors, en toute logique, je ne peux pas travailler. Et comme nous sommes encore mariés, elle doit me soutenir financièrement.»

«Et?» demandé-je, accroupi, en sortant des documents d'une des boîtes sans les regarder attentivement.

«Elle a dû se prêter au même exercice. Tu peux t'imaginer comment cela a dû la faire enrager.» Il se mit à rire.

«Deux semaines», dis-je.

«Quoi, deux semaines?»

«Deux semaines que les enfants n'auront pas eues avec leurs parents. Une pour toi, une pour elle. Disons au moins 3 000 $ de dépenses qui auraient pu servir à un voyage éducatif ou à des études.»

C'est bien triste tout ça, mais le travail nous attend. Vincent scrute les dossiers que j'ai moi-même examinés et il fait des calculs.

«Que cherche-t-on au juste?»

«À vrai dire, Vincent, je n'en ai aucune idée. Maxime prétend qu'il y a un indice, aussi minime soit-il, sur l'endroit où Maria a pu aller. Il doit bien y avoir un nom ou un numéro de téléphone slovaque quelque part.»

«Bon.»

Vincent s'est résigné. Nous poursuivons notre travail jusqu'à 23 heures 30, puis nous allons prendre un scotch au bistro du coin avant de rentrer chez nous. Au fil des jours suivants, nous avons passé en revue la liste des amis de Maria, leur avons télé-

phoné de manière plus ou moins subtile, et sommes allés discrètement au club de danse sociale qu'elle fréquentait, en prétendant
être des amateurs de tango et de cha-cha-cha. Malheureusement,
ni Vincent ni moi ne sommes doués pour la danse, à tel point que
nous croyons pendant un moment que la mesure scandée par la
professeure – un, deux, trois, quatre, ou alors un, deux, trois pour
la valse – correspond à une fonction mathématique quelconque
utile pour compléter sa déclaration d'impôts. À la fin de la soirée, Vincent a compté 39 un-deux-trois-quatre et 52 un-deux-
trois. Bref, ces statistiques ne servent en rien notre cause.

La semaine suivante, Maxime me téléphone et me fait des
reproches.

« Pourquoi tu ne m'as pas téléphoné ? »

« Tu ne m'as pas laissé de numéro, Maxime, tu devrais le
savoir. Je ne sais même pas où tu dors. »

Maxime se lance dans des excuses confuses, dit qu'il a peut-
être trouvé une piste et semble surexcité. Quand je lui dis que ni
Vincent ni moi n'avons trouvé quoi que ce soit dans ses documents à lui, il me demande de fouiller les documents de Vincent.

« Mais qu'est-ce que les documents de Vincent ont à voir
avec Maria… et Fannie ? »

« Maria a bien fréquenté quelque temps l'ex de Vincent,
non ? »

Oui, c'est vrai. Et si quelque chose s'était tramé entre les
deux ? Les deux femmes se connaissaient, oui ? Au point où nous
en sommes, tout est possible. Je ne peux guère m'opposer à un
quelconque scénario, aussi loufoque soit-il. Après tout, je suis
déjà passé par le rouleau compresseur de l'absurde. Vous vous
souvenez que mon père, lorsque ma sœur et moi sommes allés le
voir à l'âge de vingt-deux ans, nous avait accueillis plutôt froidement, soupçonnant ma mère de se servir de nous pour en savoir
davantage sur sa situation maritale et financière. Certaines femmes, m'a expliqué bien des années plus tard ma tendre Brigitte,

ne cherchent qu'à empoisonner la vie de leur ex ; leur seul objectif est de nuire à toute nouvelle relation amoureuse qu'il peut avoir.

Le fait est que la porte s'était initialement refermée sur nous, ma sœur et moi, lors de cette visite impromptue chez notre père, mais je lui avais alors demandé des explications. Pendant l'année qui avait précédé le divorce, ma mère avait raconté à mon père qu'elle avait été violée à plusieurs reprises par un cousin. Ça, c'est ce qu'elle prétendait. Je ne pouvais contester mon père là-dessus, car j'avais effectivement, dès l'âge de dix ans, entendu parler de cette histoire d'inceste qui me laissait perplexe et dont le psychiatre de ma mère se délectait. L'hypothèse de mon père était donc que, en fait, les enfants n'étaient pas ses enfants, mais ceux du cousin de ma mère.

J'avais pris l'initiative, après cette rencontre traumatisante, de faire passer des tests de paternité (d'ADN) à ma mère, à son cousin qui, étonnamment, accepta de se prêter au jeu, et à mon père. À l'époque, dans les années 1980, il fallait les trois coupables, pour ainsi dire, pour en arriver à une conclusion scientifique, qui ne serait de toute manière jamais une preuve à 100 %, mais juste en dessous. Que le cousin ait accepté de se prêter à un tel exercice me troubla : moi, j'aurais refusé, car accepter pouvait être interprété comme le fait d'avoir quelque chose à se reprocher. Mais on pouvait avoir l'opinion inverse, je le reconnais : refuser serait admettre une culpabilité. Que ma mère ait accepté en dit long. Le stratagème de mon père, je crois, était de forcer ma mère, et peut-être son cousin à elle, à confronter les faits. Après tout, le Québec, c'est bien connu, a enregistré bien des cas d'inceste. Évidemment, mon père fut reconnu comme mon père biologique à près de 99 %, et ma mère ne pouvait donc plus prétendre, par machiavélisme, que ses enfants étaient de son cousin et non de son ex-mari.

Ainsi, pour être moi-même passé par toute une gamme d'émotions qui mettaient en cause mon identité génétique, je ne peux pas, aujourd'hui, nier à Maxime le droit de savoir, même si je pense qu'il force un peu la note… lui, le musicien à temps partiel !

Vincent et moi acceptons sa requête, mais ce n'est pas une partie de plaisir. En effet, la demeure de Vincent croule littéralement sous les documents qu'une ordonnance judiciaire a commandés mais que personne ne lira jamais, sauf que maintenant Maxime nous demande de les ausculter à la loupe. Merci, Maxime. Tout cet argent et ce temps dépensés pour satisfaire les appétits voraces des juges et des avocats serviront peut-être à quelque chose.

Nous passons des soirées entières à fouiller dans la fiente judiciaire qui a alimenté l'animosité entre Vincent et son ex, et qui, surtout, leur a causé à tous deux une quasi-dépression. Au moins, maintenant, toute cette misère mise dans des cartons qui n'apportaient strictement rien à la vie, et certainement rien au fait d'être parent, avait-elle une utilité.

Soudain, le lundi 24 septembre, vers 20 heures 30, quelque chose attire mon attention. Parmi la multitude de documents et de reçus amoncelés, je trouve la photocopie d'un achat fait par la poste (et, bizarrement, pas par Internet) à un fournisseur – une société ou un individu – nommé Tanaka, mais sans adresse de retour. J'ai l'impression d'avoir vu un reçu similaire dans les papiers de Maxime, ou alors une mention à ce sujet sur un des documents entassés chez lui. Je me précipite donc chez Maxime, suivi de Vincent, qui me pose des questions auxquelles je ne réponds pas tant mon esprit est occupé à essayer de dénicher quelque chose.

Arrivé chez Maxime, je fouille immédiatement dans les documents. Eurêka ! au bout d'une heure, c'est Vincent qui trouve enfin une référence à Tanaka sur un des rapports mensuels de dépenses de Maria V. qu'elle a dû fournir, probablement sous la contrainte d'une obligation judiciaire et non par choix.

« Qu'est-ce que ça veut dire ? » me demande Vincent un peu médusé.

«Je n'en ai aucune idée. Tout ce que je sais, Vincent, c'est que ces deux femmes-là, ta femme et celle de Maxime, ont acheté un produit similaire à Tanaka. Il y a un fil conducteur entre ces deux femmes. Peut-être ton ex sait-elle où Fannie se trouve?»

«Si tu parles à un mur, tu auras plus de chances d'avoir une réponse», dit Vincent, et si tu as une réponse, ce sera à cent mille lieues de la vérité. Avec elle, tout est mensonge.»

«Alors il faudra la faire parler d'une manière ou d'une autre, avec subtilité.»

En attendant de concevoir une stratégie pour faire parler l'ex-femme de Vincent, ou plutôt sa future ex, éventuellement en utilisant les talents de Brigitte, nous nous connectons à Internet.

«Tu as vu?» me demande Vincent. Des Tanaka, il y en a des millions au Japon. C'est aussi populaire que les Smith en Angleterre ou les Tremblay au Québec. Et pourquoi y aurait-il des Japonais dans des histoires de Slovaques? Je n'y comprends rien.»

Moi non plus je n'y comprends rien. Mais de toute façon, il faut que je raconte tout ça à Maxime.

Maxime et moi nous sommes entendus pour qu'il me téléphone le vendredi 28 septembre à 18 heures, mon heure locale.

Ce vendredi-là, j'attends en vain. Le téléphone reste silencieux. Quelque chose est arrivé à Maxime, j'en suis convaincu.

Colère, retrait
et violence préméditée

....

BRIGITTE ET PIERRETTE SONT ASSISES À LA CRÈMERIE LE TOUR-niquet à Outremont, un des quartiers huppés de Montréal. Elles dégustent chacune une glace. L'été indien semble être en avance, car nous sommes le vendredi 12 octobre 2012 et, d'habitude, il n'interrompt qu'un peu plus tard la marche inexorable du froid humide qui transperce Montréal l'hiver. Mais les deux amies en profitent, assises à la terrasse extérieure. Brigitte a invité Pierrette, la future ex-femme de Vincent. Parfois, pour aider les anglophones ontariens, Pierrette se présente en disant: «I am Pierrette» ou alors «I am a little stone», croyant bien faire, évidemment. Pierrette vient de Toronto, où elle réside avec les trois enfants, pour rendre visite à une amie montréalaise. En apprenant cela, Brigitte a sauté sur l'occasion pour essayer de lui arracher les vers du nez, nez qu'elle a fort long peut-être parce qu'elle a trop menti (impunément) devant un tribunal de la famille, entre autres. Une chanson d'un interprète québécois sort des haut-parleurs accrochés au mur extérieur; pas un de ces chanteurs qui cassent les oreilles à se plaindre et à enfiler les blasphèmes, non, un de ceux qui suscitent l'admiration pour leur éloquence toute singulière.

Les deux femmes parlent de tout et de rien. À Toronto, la vie est infernale, explique Pierrette. On se lève à 6 heures 30, puis on se retrouve sur la 401, la deuxième autoroute la plus achalandée d'Amérique du Nord après celle de Los Angeles, et, prisonniers de la circulation pendant une heure et demie, on souffre tantôt de chaleur, tantôt de froid, tantôt d'envie de pipi, tantôt de rage au volant. Ensuite, on arrive au boulot. À l'heure du lunch, on reste assis devant son ordinateur, en parlant d'argent, toujours d'argent, rien que d'argent. Même scénario durant les pauses sporadiques qui viennent égayer la journée.

Le soir, on fait le chemin inverse, mais avec les rayons du coucher du soleil qui vous frappent en plein visage, de sorte que la circulation automobile est ralentie parce qu'on ne peut plus, aveuglés, distinguer le béton de l'asphalte, les voitures des camions. Puis on arrive à la maison où l'on reçoit à l'occasion des amis, et on parle d'argent, d'argent, et toujours d'argent, rien que d'argent. Combien as-tu payé ceci? Combien as-tu payé cela? Combien de pension alimentaire reçois-tu? À quel prix peux-tu vendre ta voiture? J'ai reçu une facture pour une infraction, j'ai obtenu un rabais de 10 $ sur la prochaine tondeuse à gazon, j'ai ceci, j'ai cela, dollars, dollars et dollars. Il est certain que mon ami Vincent pensait qu'une telle culture devait être compensée par la sienne. Pour Vincent, les chiffres sont importants, certes, mais il aurait tant voulu que ses enfants ne s'en tiennent pas qu'aux biens matériels et s'ouvrent sur le monde, y compris le Vietnam. Mais le système étant ce qu'il est, le bagage culturel ne fait pas partie des considérations qui permettent d'affirmer que l'on agit pour le bien-être des enfants.

Le bonheur, aux yeux de sa future ex, est gravé sur des billets verts.

De son côté, Brigitte travaille toujours dans un centre d'aide à la jeunesse. Elle a sa petite idée sur la manière de répondre aux besoins de sa clientèle.

Chacune, donc, y va de son discours, s'esclaffe, observe comment l'autre est habillée et coiffée. Brigitte jette un regard furtif à gauche puis à droite; il se fixe subitement sur un personnage assis trop près. Le gros monsieur sirote un café, mais son visage bouffi lui rappelle quelqu'un. Elle croit l'avoir vu sur une des photos que j'ai commencé à recevoir du demi-truand que j'ai engagé pour photographier des juges et des avocats, dans le but de créer un site Internet dénonçant les injustices. Ce projet la rend d'ailleurs furieuse. Elle est distraite pendant un moment, prêtant peu d'attention aux invectives que Pierrette commence à proférer contre son ex, mais fixant du regard cet inconnu qui semble pourtant familier. Son regard se pose finalement sur Pierrette, qui continue de se plaindre tout en dévorant une glace :

«Quel salaud, ce Vincent! Me laisser toute seule avec trois enfants. Et tu crois qu'il fait des efforts pour les voir? Qu'il paie, le salaud!»

Brigitte ne peut s'empêcher de lui rappeler que c'est elle, Pierrette, qui a ouvert les hostilités en engageant un avocat, et qu'elle est peut-être l'artisane de son propre malheur. Dès qu'on engage un avocat, c'est foutu; toute possibilité de confiance mutuelle est anéantie. La confiance est un bijou fragile qui, si on n'en prend pas soin, se brise sous le poids du quotidien. En présence d'avocats, les règles de l'art sont bafouées et c'est à qui trompera l'autre de la manière la plus sournoise, sinon la plus vicieuse possible, pour le bien-être, évidemment, des enfants. Pierrette manque de s'étrangler avec sa glace :

«Mais c'est lui qui l'a voulu! Il faut bien que je me défende.»

Elle explique qu'elle n'a eu d'autre choix que d'engager un avocat parce qu'elle se sentait attaquée et parce qu'elle savait que toutes les propositions que faisait son ex pour régler les choses à l'amiable, y compris celle de se soustraire au jugement objectif d'un médiateur, n'avaient pour but que de la flouer d'une manière ou d'une autre. Il fallait qu'elle tienne son bout, qu'elle soit forte, d'autant que Vincent montrait à présent sa vraie nature : il n'avait aucun sentiment pour ses enfants, il ne pensait qu'à éviter de payer. Pierrette refuse de comprendre l'aspect logistique de l'accès aux enfants : Vincent doit aller jusqu'à Toronto et se rendre chez Pierrette pour, avec un peu de chance, être en mesure de récupérer les enfants et repartir aussi sec chez lui, à Montréal. Un voyage, en tout et pour tout, de plus de douze heures, et qui coûte au bas mot 1 000 $. Et une fois chez lui, puisqu'il ne lui reste à peu près plus rien sinon des documents juridiques et un minimum de meubles, il lui faut trouver un endroit confortable pour ses enfants. C'est irréaliste, mais les juges qui protègent âprement les enfants s'imaginaient peut-être que Vincent pouvait aussi marcher sur l'eau et voir la manne tomber du ciel. Et ils préféraient croire à ce miracle, comme ils croient à bien d'autres, parce que cela leur simplifiait la vie.

Brigitte ne rate pas l'occasion de signaler que ce genre d'argumentation est typique des avocats qui cherchent à faire monter les enchères, car c'est un système qui les paie généreusement, d'autant qu'ils croient la mère d'abord et avant tout, quitte, pense Brigitte, à ce que le père ne sache même pas qu'une requête au tribunal a été déposée contre lui. Mais Pierrette est en train de monter sur ses grands chevaux et il est temps de faire bifurquer la conversation.

«En tout cas, avec l'argent que tu reçois de Vincent, tu peux quand même t'acheter de belles choses.»

«Mmmm…, dit Pierrette en tentant d'avaler une autre bouchée de glace à la framboise, je le mérite bien. Si tu savais ce que c'est que d'élever trois enfants toute seule.»

«Moi, ajoute Brigitte, j'aime bien les bijoux exotiques… tiens regarde!»

«Qu'il est beau!»

«Il vient des Philippines, ou du Japon, je ne sais plus trop. En tout cas, il ne vient pas du Vietnam! Et il m'a coûté cher.»

Voilà un langage qui sonne comme une rengaine de congas et de guitare électrique aux tympans de Pierrette, la Torontoise d'adoption. Elle se met à dévoiler le coût de tout ce qu'elle porte – robe, souliers, ceinture, soutien-gorge, petite culotte et tout le reste –, et de ce qu'elle s'est fait faire récemment – coiffure, manucure, pédicure, liposuccion.

À force de faire parler Pierrette, Brigitte l'amène à reconnaître que, oui, elle a bien déjà acheté des choses du Japon (mais qui n'a jamais acheté de produits japonais?) et Brigitte a une lueur d'espoir.

«Tu as des nouvelles des autres?»

«Des autres?» s'étonne Pierrette, qui s'essuie à présent la bouche avec la serviette en papier qui accompagne sa coupe glacée.

«Grand Dieu! s'exclame-t-elle affolée, il faut que j'aille me mettre du rouge à lèvres. Ils ont des toilettes ici? On va penser que je suis pauvre.»

Elle se précipite vers les toilettes, sac à main sous le bras droit, juchée sur des talons aiguilles que le poids de son corps récemment «liposuccionné» arque dangereusement. Son collier de grosses perles d'imitation sautille de gauche à droite sous l'effet du balancement saccadé de ses larges hanches. Brigitte la regarde faire, cherche du regard l'homme mystérieux qui ressemblait à un juge et qui maintenant est parti. Lorsque Pierrette revient, elle se met à déblatérer sur tout et sur rien, tout en rajustant son collier, ses cheveux et sa robe. Brigitte essaie de retrouver le sujet de la conversation.

«Oui, je parlais des autres. Moi, je vois bien sûr Vincent, Maxime, parfois Maria – tu te souviens de Maria et de leur petite…»

«Fannie, non?»

«Oui», confirme Brigitte.

«Comment va la petite? Et Maxime? Je déteste sa Maria, entre toi et moi, mais Maxime est un cœur. Elle n'aurait pas dû le quitter. Bon, il faut que je parte. Le temps, c'est de l'argent.»

Pierrette embrasse timidement Brigitte sur les deux joues – pour ne pas enlever le rouge à lèvres qu'elle vient d'appliquer –, et se précipite dans sa Mercedes garée tout près. Tout a l'air faux et artificiel chez cette femme. Brigitte l'imagine une fois rentrée chez elle, le soir, en train d'enlever son maquillage, ses faux cils et ses faux ongles, sa perruque, son partiel, son œil de verre, son soutien-gorge rembourré, son corset, ses talons hauts. Elle sourit.

À son retour à la maison, elle me décrit la rencontre. J'hésite à lui montrer mon site Web *À qui la faute?* que j'ai commencé à mettre en ligne, avec la photo de plusieurs juges, les comptes rendus de leurs jugements aléatoires et les procès-verbaux disponibles, les lettres du CJC et tout ce qui peut permettre au lecteur de se faire une idée de l'injustice des tribunaux canadiens.

Je vous l'ai dit: j'ai gardé un côté délinquant (et parfois vulgaire) qui gêne ma femme mais qui est plus fort que moi. En fait, moins je reçois de nouvelles de Maxime – et je commence à m'inquiéter sérieusement –, plus je bouillonne intérieurement. On ne se libère pas facilement d'avoir servi de cobaye à la cupidité de magistrats véreux. Je sais, pour avoir fréquenté d'autres individus comme moi, en particulier dans un centre de redressement où j'ai fait un bref séjour à la fin de mon adolescence, que la colère et le ressentiment sont difficiles à contrôler, qu'ils nous poussent à nous venger de la société, qu'ils nous habitent corps et âme sans que l'on puisse y faire grand-chose. Même quand j'essayais d'avoir l'air heureux au début de la vingtaine, j'en voulais à ma mère et à mon père sans pouvoir mettre de mots sur ma colère. Je leur en voulais peut-être d'avoir été trahi et abandonné, d'autant qu'on m'avait donné l'impression, durant les dix premières années de ma vie, que j'étais le bienvenu. Ma mère avait donc bel et bien planté en moi, avec ses stratagèmes malhonnêtes, les graines de la révolte, de sorte qu'arrivé à la cinquantaine, j'avais en moi encore assez d'énergie pour créer un site Web qui disait: «Vengeance! Nous sommes entourés de prédateurs qui mentent, trichent, et les voici, mis à nu sur mon site Web! Les bandits ne sont pas ceux qui sont derrière les barreaux pour un vol à l'étalage, les bandits, ce ne sont pas les Jean Valjean de notre époque. Ce sont ceux qui se remplissent les poches sur le dos des plus vulnérables: les enfants. Ce sont eux qui tuent l'enfance.» Oui, je vivais et je vis encore de vengeance.

Est-ce cela qui fait que mes journées ressemblent à des nuits? Que je peine à distinguer le réel de l'imaginaire?

Brigitte préconise une approche moins agressive que la mienne. Elle envisage de fonder une association de femmes raisonnables qui ont vraiment à cœur le bien-être de leurs enfants afin de lutter pour que cesse toute forme d'aliénation parentale, de dénigrement de l'autre, d'accusations de toutes sortes, qui sont la marque de commerce des affidavits de demande de divorce. D'après ce qu'elle en dit, les études montrent que les couples fonctionnels ont beaucoup moins tendance à attribuer à l'autre la responsabilité de ce qui va mal que les couples dysfonctionnels qui, eux, le font de façon régulière, voire excessive. L'attribution négative va dans les deux sens, envers l'autre et envers soi, soutient Brigitte. Les femmes et les hommes qui se croient seuls responsables des difficultés du couple éprouvent une moindre satisfaction conjugale. La raison de ces dérèglements est simple: en mettant l'accent sur la faute, les conjoints négligent de travailler sur la solution. Creuser le fossé entre les conjoints ne fait rien pour les aider à sortir de la misère, bien au contraire. Plus ce fossé s'élargit, plus les partenaires auront tendance à déprimer ou à se mettre en colère. Établir un climat hostile revient à exposer à l'humidité une machine métallique déjà affaiblie – l'horloge du couple: la rouille fait son œuvre.

Bridge compte créer son association avec des femmes qui comprennent que la flexibilité est essentielle au rôle parental et qu'on ne peut pas coucher sur papier tous les détails de l'éducation d'un enfant de manière immuable. On ne peut pas, par exemple, permettre à un père de voir ses enfants deux fins de semaine par mois de telle heure à telle heure et attendre de lui qu'il prévoie toutes les éventualités; on ne peut pas consigner tout ce que le père peut ou ne peut pas faire et, pourtant, c'est ce qu'exige la logique du système. Car si un père téléphone à son fils le jour de son anniversaire sans que ce geste soit expressément autorisé par une ordonnance, une mère chauffée à bloc par son sentiment de puissance ne va pas hésiter à le traîner devant le tribunal, au motif qu'il cherche à traumatiser son enfant. Et elle gagnera fort probablement son pari, aux frais de monsieur, sans même que celui-ci soit averti qu'une requête a été déposée contre lui. Brigitte voudrait que les juges et les avocats n'aient plus aucun rôle à jouer dans le règlement des litiges familiaux. Elle voudrait une vraie justice, une justice qui appliquerait avec diligence et intégrité les lois et les procédures établies.

Mais le rêve de Brigitte, si louable soit-il, est aussi utopique que le mien. Je respecte le sien et je lui demande de respecter le mien. Je vous laisse faire la part des choses. En tout cas, Brigitte refuse de regarder mon site pour voir si l'homme qu'elle a aperçu au Tourniquet est bel et bien un juge, et mentionne en passant que Pierrette a bien acheté un bijou importé du Japon. Mais rien ne prouve que ce bijou vient de chez Tanaka. En attendant, Fannie est introuvable dans cette Slovaquie lointaine, et Maxime ne donne toujours pas signe de vie.

Mais Maxime ne chôme pas, loin de là, ce que je ne tarderai pas à apprendre. En effet, après sa rencontre avec l'assistant de l'ambassadeur du Canada en poste à Bratislava, et dont il ne se souvient ni du nom ni du titre exact, Maxime a déambulé dans les rues de la vieille ville et a réfléchi à ce qu'il allait faire. Il a commencé à suivre l'oncle Zlatan à la trace, mais n'a rien découvert de suspect.

Le lundi 8 octobre, près de vingt jours après notre dernière conversation au téléphone, Maxime rentre dans sa petite chambre d'hôtel minable qui lui sert à la fois de refuge et de poste d'observation. La chambre est disposée de telle sorte que le lit se trouve un peu en retrait, près de la fenêtre, avec une cuisinette adjacente à la porte d'entrée et une minuscule salle d'eau. Il se met au lit, un peu déprimé. Sa voix commence à être moins rauque et ses attaques d'anxiété ont pratiquement cessé. Pris d'une de ces insomnies désormais fréquentes depuis près de trois mois, il se lève vers les trois heures pour se préparer, à la lueur des rayons de la lune qui pénètrent dans sa chambre, une petite tartine de biscotte et de confiture de pêches. Soudain, il entend un bruit léger près de la porte d'entrée. Il s'immobilise, pris d'une angoisse insaisissable. La poignée de la porte est en train de tourner, imperceptiblement. Seule conclusion logique : quelqu'un essaie d'entrer dans sa chambre. La surprise laisse bientôt la place à la panique. Il se précipite sous son lit, tout en gardant son couteau à la main. Sa respiration est haletante mais il s'efforce de ne pas faire de bruit. La porte s'ouvre et Maxime aperçoit, depuis sa position couchée, les jambes d'un homme qui entre en faisant le moins de bruit possible. Puis l'inconnu s'immobilise. Le cœur de Maxime se met à tambouriner et des sueurs froides lui coulent le long du corps. Il s'est placé en angle pour mieux voir, depuis sa cachette, le corps entier et les mouvements de l'intrus.

L'inconnu, que Maxime sait borgne à cause d'un bandeau qu'il porte sur l'œil droit, examine brièvement la cuisine, s'approche du lit quelques instants, puis se dirige vers la salle d'eau. Il ouvre doucement la porte, y regarde derrière, puis se penche pour ouvrir celle du cabinet situé sous le lavabo. Maxime croit voir un dessin géométrique sur le chandail de l'homme, éclairé par l'ampoule de la salle d'eau qu'il vient d'allumer. De loin et dans la semi-obscurité, le dessin a l'air simple, plutôt un rectangle horizontal qu'une figure quelconque. Dans la main droite, Maxime jure avoir vu un revolver.

L'inconnu éteint la lumière et se dirige vers la sortie. Maxime se met alors à trembler, des convulsions lui traversent le corps. Peut-être l'intrus s'en aperçoit-il, car il fait demi-tour et revient vers le lit. Maxime voit maintenant deux souliers noirs plantés tout près du lit, à sa droite. Une peur viscérale lui saisit le ventre. Pourquoi un voleur viendrait-il s'en prendre à ses effets personnels, lui, un pauvre comptable canadien arrivé à Bratislava avec le minimum nécessaire ? Cet inconnu en veut donc à sa personne, pas à ses biens. A-t-il quelque chose à voir avec la voiture louée que Maxime a retrouvée défoncée à coups de pioche au bas des Tatras ? Le lien semble logique.

Quand, plus tard, Maxime m'a raconté cette aventure, je me suis imaginé que tout à coup la tête de l'homme, qui se serait penché pour regarder sous le lit, serait apparue à la droite de Maxime. Dans un réflexe d'autodéfense, Maxime aurait fait un mouvement sec, si bien que la lame du couteau qu'il tenait dans la main serait allée se planter dans l'œil gauche de l'intrus. L'homme n'aurait pas crié, bizarrement, mais il aurait gémi de douleur. Cette histoire d'intrusion me rappelait les épisodes où ma mère violait constamment mon espace privé : lorsque j'allais la voir à Montréal, elle entrait dans ma chambre sans frapper à la porte, puis elle tentait d'accéder à la salle de bain pendant que j'y étais, en forçant la poignée. Tout cela me laissait un goût très amer et je ne trouvais jamais les mots ni le courage pour lui dire ma façon de penser. Peut-être que si j'avais eu un couteau, dans un sursaut de colère adolescente, je l'aurais utilisé ?

L'individu, en fait, sort de la chambre mais avec le porte-feuille de Maxime qui traîne sur le comptoir de la cuisine. Maxime s'extirpe de sa prison horizontale en se cognant coudes et genoux contre le sommier. Il saisit quelques euros laissés sur la petite table de chevet, son pantalon, sa chemise et ses souliers. Il se dirige vers les escaliers où il enfile tant bien que mal ses vêtements en descendant les marches. Il traverse le hall d'entrée. Le réceptionniste lui dit quelque chose en slovaque.

Paniqué, Maxime prend ses jambes à son cou. Il remarque un homme qui attend dehors, près d'une voiture stationnée, grillant une cigarette. Maxime saute dans sa nouvelle voiture louée.

Pas de temps à perdre, se dit Maxime, il y a danger. Il enfonce la pédale de l'accélérateur, ce qui fait bruyamment déraper la voiture. Il pense avoir renversé le réceptionniste de l'hôtel qui lui aurait couru après sur le trottoir. Il regarde dans le rétroviseur pour voir si on le prend en chasse. Par chance, les rues sont vides à cette heure tardive. Mais Maxime connaît mal les petites allées qui quadrillent la vieille ville et il s'engage probablement dans plusieurs d'entre elles à contre-sens. Il a l'impression qu'on le pourchasse. Ce n'est plus la raison ou la peur qui dirigent les mouvements de Maxime mais l'adrénaline pure. La nuit de Bratislava se remplit bientôt de crissements de pneus. Maxime repense un court instant à sa visite à l'ambassade canadienne; il est certain que personne ne lui viendra en aide. Il est livré à lui-même. Sa seule chance de s'en sortir est de fuir. Il freine brusquement au bout d'une ruelle sans issue, mais la voiture frappe un mur de pierre en dérapant. La tête de Maxime est violemment projetée vers l'avant, mais le coussin gonflable qui s'ouvre sous l'impact lui évite toute blessure grave.

Il sort de peine et de misère de sa voiture et se met à courir dans la nuit, jetant pendant une fraction de seconde un regard tout autour pour vérifier si on l'a vu, ou alors si l'intrus l'a poursuivi. Il n'y a personne à ses trousses. Maxime continue néanmoins de courir, au milieu des bruits de sirènes des voitures de police et d'ambulance qui paraissent proches et lointains tout à la fois.

Maxime se trouve un recoin entre deux vieux immeubles, reprend son souffle, examine ses blessures très superficielles et fouille les poches de son pantalon. Il comprend alors dans quel pétrin il s'est mis. Son passeport a été laissé en garantie à l'hôtel; son portefeuille avec ses cartes de crédit, les photos de Fannie, sa carte de soins de santé et son permis de conduire sont dans des mains ennemies, et il risque fort d'être accusé d'un quelconque méfait. Dans un pays étranger, on ne part jamais gagnant face à la justice. C'est une leçon que n'oublie jamais Maxime chaque fois qu'il va faire des audits à l'étranger, que ce soit en Espagne ou au Sénégal. Il aurait dû téléphoner à la police sitôt l'intrus disparu. Mais quelque chose n'existe plus chez Maxime: la confiance, remplacée maintenant par une méfiance extrême.

La méfiance presque maladive est un sentiment que je connais trop bien, pour l'avoir cultivé depuis tant d'années. Quand, à l'âge de raison, on apprend que l'on ne peut compter ni sur sa mère, ni sur son papa, ni sur personne, notre vision du monde change. Mes visites dans les cours de justice n'allaient qu'aggraver ce handicap social. Il n'y a pas de justice. Voilà la leçon de vie qui sous-tend le moindre de mes comportements. Maxime est arrivé au même constat, par un chemin encore plus éprouvant que le mien. Vues avec détachement, ses réactions sont irrationnelles; comprises dans le contexte des abus auxquels il a été soumis, elles prennent tout leur sens. Son bilan? On cherche à l'intimider; il n'a plus d'argent ni de papiers d'identité; il vient de quitter un hôtel sans régler la facture et de bousiller une voiture; il n'a confiance ni à l'ambassade canadienne ni à la police slovaque.

Pour l'heure, il se sent perdu en pleine nuit, car, quoi qu'il fasse, il ne fera qu'aggraver son cas. Il se retrouve exactement dans l'impasse où il était au Canada, c'est-à-dire sans recours et sans sa fille Fannie, son apprentie-plombière chérie, dans un système de justice qui l'a pris dans son collimateur, à la différence près qu'il est à des milliers de kilomètres de sa terre natale.

Coupable avant d'avoir un nom

. . . .

LA CHAMBRE À COUCHER EST NOIRE ; À PEINE PEUT-ON DEVINER quelques formes ici et là – un meuble, une chaise. Un silence absolu règne. Une main masculine s'approche du cou de la femme, couchée et insouciante, profondément endormie. Les doigts caressent son épaule puis retournent vers le cou, synonyme à la fois de vulnérabilité et de tentation sensuelle, ce que les histoires de Dracula ont bien exploité. Mais nous ne sommes pas en Transylvanie, nous sommes à Montréal. Et le Dracula, c'est moi qui me suis réveillé aux petites heures du matin ; j'ai décidé de sortir ma bien-aimée des bras de Morphée pour tomber dans les miens.

J'ignore encore, en ce matin du samedi 20 octobre 2012, ce qui est arrivé à Maxime. Je n'ai toujours pas de nouvelles même si j'ai essayé en vain de le joindre. Mon souci principal, en ce samedi qui promet d'être pluvieux, c'est de partager mon élan naturel avec ma douce moitié.

Les yeux verts de Brigitte s'ouvrent lentement et elle se laisse dompter par les caresses qui descendent le long de son corps fin et musclé tout en lui donnant des frissons. Nous nous serrons l'un contre l'autre, sa bouche rencontre la mienne, et ma langue taquine bientôt son cou et sa poitrine. C'est en plein milieu de nos ébats que, bien évidemment et comme dans les films américains médiocres, le téléphone aurait pu sonner, mais il ne sonne pas. Du moins, pas à cette heure-là. Car c'est à 9 heures pile que mon patron, monsieur Gagné, m'appelle pour me demander de venir le voir le matin même. Quelle douche froide !

«Pourquoi veut-il te voir maintenant?» se plaint Brigitte.

«Je n'en ai aucune idée, ma chérie.»

Le long du couloir qui me conduit vers la sortie, j'entends les ronflements de mon fils, Guillaume, qui, encore une fois, a passé la soirée à boire, vu que ça participe à son éducation civile, comme il le prétend, ce que ne fait pas l'université où il est inscrit en première année d'architecture.

Monsieur Gagné me fait asseoir, mais au lieu de prendre sa chaise habituelle, il s'installe à moitié sur le coin du bureau, comme s'il cherchait à m'intimider. Nos rapports sont d'habitude assez cordiaux même si, à cause de mon caractère instable et de mon refus de l'autorité, nous avons déjà eu quelques prises de bec. Cette fois-ci, les choses semblent plus sérieuses. Son regard austère se pose sur moi comme une flèche ardente.

«Ça va, mon David?»

«Oui, monsieur Gagné.»

Ce «mon David» est de mauvais augure. Déjà que je n'aime pas qu'on m'appelle «mon David». À l'occasion, pour blaguer, monsieur Gagné m'a déjà lancé «Alors, à quand David?» lorsque je critiquais la politique américaine (car l'injustice canadienne n'est pas mon seul cheval de bataille), mais cela est resté sans conséquence.

Aujourd'hui, les choses semblent plus graves. Monsieur Gagné, un as de la comptabilité, est très exigeant sur les principes qui gèrent notre société. Il me jase un peu de tout et de rien, puis s'étale sur un thème comme lui seul sait le faire – il est un spécialiste des détournements d'argent, si vous voulez. Au lieu d'aller au fond des choses, il tergiverse; avec lui, il faut savoir lire entre les lignes.

«Bien, très bien, monsieur Derlozki, poursuit monsieur Gagné. Et vous connaissez votre histoire?»

«Mon histoire?»

«Votre Histoire avec un grand H. Oui, la Deuxième Guerre mondiale, par exemple. Vous connaissez bien les détails de cette guerre, car vous en parlez souvent: Hitler, Goebbels...»

Où veut-il en venir? Je me demande bien ce qui se mijote dans sa tête.

«Ça oui, je m'y connais.» J'essaie de le mettre de mon côté. Il amorce alors un long monologue.

«Vous savez, monsieur Derlozki, j'ai déjà été visité un camp de concentration... à Terezín, en République tchèque, il y a quelques années. Au nord-ouest, si je me souviens bien, de Prague. Vous avez déjà visité Prague?»

«Jamais.»

«Ah, Prague! Quel souvenir. Vous savez, Terezín était un ghetto durant la Deuxième Guerre mondiale. On y avait construit un village à l'intérieur du village. Il devait bien y avoir cinquante mille personnes dans ce ghetto, des Juifs qu'on y avait parqués... surtout des femmes, des enfants et des vieillards. Le ghetto était entouré de plusieurs murs de briques, assez hauts mais pas trop, juste assez hauts. On appelle ça une petite forteresse. On peut facilement imaginer les Allemands qui faisaient le guet jour et nuit. Les nazis présentaient officiellement Terezín comme un village modèle mais, en fait, c'était un camp de concentration. Ils faisaient de la propagande mensongère. À l'intérieur du camp, il y avait un bâtiment, peut-être de cent mètres carrés, et vous savez ce qu'il y avait dans ce bâtiment?... un four crématoire. Quand on entrait par la porte principale, il y avait, tout de suite à gauche, une chambre dans laquelle était installée une table en pierre. La table était conçue de façon à drainer des liquides vers un trou à la base duquel il devait jadis y avoir un pot. Bref, elle servait de table d'opération et le sang était récupéré à sa tête, par la petite ouverture. Quand on sait que les Tchèques sont en général assez grands, on est surpris de voir cette table assez petite. Les pieds des personnes opérées devaient dépasser, c'est sûr... Puis, près de la table, il y avait une armoire vitrée, avec, sur ses étagères, des outils, certains en métal rouillé, d'autres en acier, comme des pinces, des scalpels, etc. Bref, la table était une table de torture.

«On étendait là des gens qu'on coupait et découpait, à qui on enlevait la rate ou un œil, qui sait, sans doute à froid. Puis on les faisait passer au four crématoire, qui ne contenait que deux portes très étroites. Hitler avait trouvé un terrain scientifique idéal, vous savez, monsieur Derlozki, car les Juifs constituaient un groupe assez homogène, lié non seulement par la religion mais aussi par l'hérédité. Où aurait-il pu trouver des cobayes appartenant à un groupe aussi homogène? Nulle part sans doute, même pas au Japon…

«Du point de vue comptable, exterminer des gens dans un four crématoire qui ne peut recevoir que deux corps à la fois, ça ne tient pas. Avec une population de cinquante mille détenus, si j'ose dire, il aurait fallu, voyons, cinquante mille divisés par trente… cinq ans pour exterminer tout ce beau monde. Sans compter les naissances, et faisant abstraction des décès naturels ou autres. En tout cas, ça ne tient pas. La dépense est trop importante par rapport aux résultats, soit faire brûler des cadavres ou, plutôt, des personnes mortes ou vivantes. Il aurait été plus simple de fusiller tout le monde.

«Alors, je vous le demande, pourquoi tout cet effort? Hitler voulait se venger des Juifs. Vous me suivez, monsieur Derlozki?»

J'acquiesce mais je n'ai aucune idée où mon patron veut en venir. Pourquoi m'a-t-il fait venir un samedi matin, au milieu de mes ébats avec Brigitte? Il est en train de gâcher ma journée.

«Il n'est jamais bon de chercher à se venger, monsieur Derlozki. Jamais. Regardez où cela a mené Hitler. Il faut cesser de jouer aux *aidants naturels*. Il faut cesser d'aider les autres et se concentrer sur son travail. Vous comprenez?»

«Bien sûr, monsieur Gagné, que je comprends. Mais je ne suis pas certain de saisir la pertinence de vos propos.»

«Permettez-moi de vous présenter une connaissance toute récente», dit-il avec une voix sourde et en se dirigeant vers une des portes de son bureau lambrissé.

Devinez qui entra lorsque monsieur Gagné ouvrit la porte? Non, ce n'était pas Maxime ni un juge de la Cour supérieure. C'était «mon» demi-truand, à qui j'avais demandé un petit service, celui de photographier à leur insu les juges et les avocats véreux.

«Monsieur Derlozki, je vous présente monsieur Ziztana, vous vous connaissez, je crois?»

«Pas du tout. Enchanté, je suis David Derlozki, expert-comptable.» Je serre chaleureusement la main de l'homme que je prétends ne pas connaître. Les deux hommes en face de moi semblent surpris.

J'ai bien joué le jeu. Mais que diable fait cet idiot ici? Je commence à entrevoir le sens de tout le discours que mon patron vient de me tenir. Il a une arrière-pensée; il cherche à me coincer. Il faut que je tienne bon et que je nie avoir déjà rencontré le demi-truand. Mes années de pratique à colorer la vérité me sont utiles: oui, j'ai appris à mentir aux autres à propos de mes charmantes visites chez ma mère en affirmant à chaque fois avoir passé une fin de semaine agréable, en racontant des balivernes pour faire plaisir à mes interlocuteurs, alors que la vérité était à la fois simple et terrible: je l'accompagnais dans des salles d'électrochocs qui, ma foi, devaient plus ou moins s'apparenter à certaines pratiques nazies. Un juge m'a été utile: il m'a invité à manipuler les vérités inadmissibles et noires.

«Monsieur Ziztana, dit monsieur Gagné, vous m'avez bien dit avoir rencontré monsieur Derlozki?»

«Pas plus tard qu'y a une coup'e de semaines, répond le demi-truand, et je lui ai remis des photos…» Il sort un classeur violet dont il extrait quelques photos, mais mon patron l'arrête de la main tout en me jetant un regard implacable:

«Alors, monsieur Derlozki?»

«Je ne comprends pas ce qui se passe, monsieur Gagné, si vous voulez bien m'expliquer.»

«Cet homme m'assure vous avoir rencontré et vous l'auriez, semble-t-il, payé pour faire des photos de juges canadiens pour votre site Internet *À qui la faute?*» Il ouvre son ordinateur tout en parlant, pour trouver le lien Internet, mais le demi-truand l'interrompt à son tour.

«C'est exac…, dit-il dans son français cassé et en me dévisageant. Je le reconnais.»

«Je vous assure que je n'ai aucune idée de ce dont vous parlez.»

Je ne vais pas me faire piéger. J'en ai vu d'autres. D'une part, j'ai été assez malin pour cacher la source, c'est-à-dire le serveur originel du site où je dénonce les bandits en robe noire. Je connais suffisamment l'informatique pour savoir qu'il faut prendre toutes les précautions pour se protéger. Quand, à dix ans, on est jeté dans la rue, et quand on est le fils d'un homme qu'on a aussi traité de la sorte parce qu'il était mon père, on ne fait pas dans la dentelle, on apprend à se débrouiller et à se prémunir contre les rapaces de ce monde.

«Monsieur Ziztana dit qu'il a un enregistrement de votre rencontre.»

«Ah bon?» J'attends leur réaction à tous les deux. J'ai répondu en les provoquant et cela semble calmer leurs ardeurs accusatrices. Le demi-truand se met quelque peu à trembler en sortant un petit magnétophone de sa poche.

«Alors, écoutons!» lancé-je, encore plus entreprenant.

Le demi-truand met sa petite machine en marche, de peine et de misère, mais on n'entend que de la musique de fond, de vagues paroles à peine perceptibles et, surtout, quelqu'un qui parle avec un accent espagnol. Le visage de monsieur Gagné devient pâle. Je m'empresse de tourner le fer dans la plaie:

«Vous me pardonnerez, mais je ne vois pas à quoi ça rime. Je ne reconnais pas du tout ma voix sur cet enregistrement. Il s'agit probablement d'une erreur sur la personne.»

«Très bien, merci, monsieur Ziztana, je vous rappelle.» Mon patron saisit le demi-truand par l'avant-bras et l'escorte vers la porte, où l'attend un homme que je ne vois pas mais qui semble l'accompagner jusqu'à l'ascenseur.

Médusé, monsieur Gagné ne sait pas quoi dire. J'ai été beaucoup plus rusé que lui et, surtout, que monsieur Ziztana, dont j'étais certain qu'il s'agissait d'un nom d'emprunt. Lors de nos deux rencontres, j'avais pris soin de froisser du papier tout au long de notre conversation pour créer un bruit de fond et j'avais utilisé mon accent espagnol. Car, et vraiment peu de personnes le savent, je connais parfaitement l'espagnol puisque j'ai passé, à l'âge de dix-huit ans (à la suite d'une dépression dont je vous reparlerai), près d'une année en République dominicaine. Je sais qu'il ne faut jamais raconter toute sa vie à son patron. Jamais. Ma connaissance de l'accent espagnol est mon secret bien gardé: elle me sert enfin. Bien sûr, mon patron aurait pu faire analyser l'enregistrement par un laboratoire ultrasophistiqué en Suisse, par exemple, mais je ne suis pas Oussama Ben Laden tout de même. Je ne suis qu'un petit comptable au service d'un patron. J'ai joué mon va-tout et cela a superbement bien marché. C'est probablement de mon père que j'ai hérité ce talent au double jeu, même si je ne l'ai que très peu connu. Oui, certains juges et certains avocats peuvent bien couper le lien physique qui unit un parent à son enfant, mais quelque part les ondes de la génétique voyagent et transmettent l'information d'une génération à l'autre, j'en suis convaincu. Mon père aurait été fier de moi. Mon patron regagne sa chaise, les épaules un peu basses et saisit un stylo en or. Il se penche sur une lettre et se met à faire semblant de travailler, dessinant ce qui paraissait être des hiéroglyphes.

«Vous pouvez disposer, monsieur Derlozki. Il doit y avoir un malentendu.»

«Très bien. Je vous souhaite une bonne journée, monsieur Gagné.»

Je me dirige vers la porte. Alors que je m'apprête à quitter la pièce, mon patron, qui n'a jamais dit son dernier mot, ajoute :

«Il n'est jamais bon de se venger, David. Il faut s'atteler à la tâche et laisser la justice suivre son cours.»

«Compris, patron.»

Je pousse un soupir de soulagement une fois dans la rue, sans savoir qu'un ouragan de colère m'attend à la maison. Brigitte, je vous l'ai dit, n'était pas du tout enthousiaste à l'idée que je construise un site Web dénonciateur. Lorsque je lui raconte mon aventure de la matinée, elle en profite pour me dire tout ce qu'elle a sur le cœur. Elle savait, me dit-elle, que je courais après les problèmes. Elle me l'avait dit. Elle n'aurait jamais dû me laisser faire. J'étais un imbécile qui venait de risquer de compromettre un emploi rémunérateur et respecté. Pourquoi? Pour me venger contre des êtres nocifs, expliqué-je à Bridge, qui viennent d'envoyer la fille de mon meilleur ami dans des régions inconnues, où elle est peut-être, que dis-je, où elle est sûrement en danger.

Mon argument calme Brigitte. Après environ une heure de silence, elle me demande de lui montrer mon site Web, en insistant. Elle regarde les photos que j'y ai mises et qui défilent sur l'écran. Y apparaissent des juges et quelques-uns de leurs acolytes – greffiers ou sténographes, et quelques avocats.

Tout à coup, elle saisit mon bras avec une poigne d'une force herculéenne. Elle vient de reconnaître l'homme qui était assis à côté d'elle, au Tourniquet, lorsqu'elle a rencontré Pierrette.

Cet homme, c'est un des avocats que je dénonce vertement sur mon site *À qui la faute?*

Advienne que pourra

. . . .

INUTILE DE VOUS DIRE QUE JE COMMENCE À AVOIR PEUR. QUEL-que chose de bien plus gros qu'une ordonnance est en train de se tramer. Ce n'est qu'après avoir rencontré mon patron, le samedi 20 octobre 2012, que je reçois un coup de téléphone précipité de Maxime qui me raconte ce que vous savez déjà. D'après mon agenda, ce coup de fil a eu lieu le vendredi 26 octobre. Il m'explique alors que ses ennuis ont commencé le 8 octobre. Mais entre le 8 et le 26 octobre, il s'est déroulé dix-neuf jours, soit plus de deux semaines, et je n'ai pas réussi à savoir ce qu'il a fait pendant ce temps; il était tellement méfiant qu'il ne voulait rien me dire de plus. Maxime a la tête dure et il est très difficile de le faire parler. Mais plus de deux semaines d'attente, en plus de ma confrontation avec mon patron, ne font qu'accroître mon agitation. Je tourne en rond chez moi, mais au travail je me tiens tranquille, comme si de rien n'était. Je suis déterminé à mettre continuellement à jour mon site Web, mais j'ai intérêt à garder un profil bas au boulot, par contre. J'entends déjà dire dans les couloirs que l'emploi de Maxime est en danger, car on ne lui a accordé qu'un répit temporaire, qui plus est, à titre exceptionnel. Mais Maxime a disparu – est-il toujours intéressé à son emploi? Je soupçonne monsieur Gagné de faire circuler ces rumeurs pour m'intimider. En fait, je m'interroge même sur les véritables intentions de mon patron, et je commence à me méfier de tout le monde. Pourquoi, par exemple, le demi-truand a-t-il contacté mon patron? Qu'avait-il à y gagner? Comme, en fait, il n'a pas fini sa «job», c'est-à-dire sa mission, et qu'il me reste à payer la moitié des 3 000 $ sur lesquels nous nous sommes entendus, je ne peux que conclure qu'il a négocié avec mon patron une somme plus imposante pour vider son sac. Mais alors, pourquoi monsieur Gagné a-t-il pu s'intéresser à un type qui avait l'air d'un clochard? Monsieur Gagné avait l'habitude de dire qu'il se tenait loin de la «racaille».

Un malaise profond m'envahit et j'ai hâte de recevoir des nouvelles de Maxime. Je suis terriblement inquiet et j'ai même envisagé avec Brigitte de la possibilité de me rendre à Bratislava – elle m'en a dissuadé. D'une part, comment pourrais-je y retrouver Maxime qui est probablement terré quelque part, dans les Tatras peut-être? D'autre part, tout voyage représente pour moi un défi considérable à cause de l'état avancé de mon arthrose.

Un autre cauchemar envahit maintenant mes nuits. Je vois une armée d'hommes, portant sur leur uniforme un signe en forme de rectangle, qui marchent au pas. Chaque fois qu'ils font une sorte de salut hitlérien, des billets de banque leur sortent de la bouche. Je vois aussi l'objet de leur vénération: la statue géante d'une femme obèse assise sur un fauteuil de reine, souriant de satisfaction, avec de gros doigts bagués d'or, de diamants, de rubis et d'émeraudes. Elle tient son bras gauche croisé au-dessus du cœur, à la manière de Napoléon, mais son cœur est à ses pieds plutôt que dans sa poitrine.

Des silhouettes recouvertes d'un drap noir, sauf la tête, font avancer un troupeau d'hommes à l'aide de fouets et les forcent à louanger la déesse obèse. Sur un immeuble qui ressemble à l'Acropole, j'aperçois, taillés dans la pierre, une balance et un serpent qui s'y enroule. Puis, le troupeau d'hommes pénètre dans un amphithéâtre romain où ils s'enlisent dans les billets de banque qui, quelques minutes auparavant, sont sortis de leurs bouches. Les scènes défilent sur l'air du troisième mouvement du Concerto de l'Empereur de Beethoven. Tout devient confus et je vois beaucoup de bicyclettes, des tonnes de bicyclettes qui sont comme des spectateurs dans les estrades. Une chose est sûre en tout cas: j'ai toujours pensé que mes rêves étaient prémonitoires ou alors qu'ils cherchaient à me dire quelque chose. Souvenez-vous de mes rêves d'adolescent qui m'apprirent ce que personne, pas même ma mère, n'avait osé me dire : j'avais été adopté une première fois dès ma naissance. Ce ne fut qu'à la suite d'un rêve à la fois diurne et nocturne et en interrogeant un oncle que je fus enfin mis au courant de la vérité.

Ce n'est d'ailleurs pas la seule chose que ma mère m'a cachée, par honte ou par insouciance, ou encore parce que le jugement du tribunal qu'elle avait obtenu l'avait rendue sourde aux besoins de ses enfants. J'opte, en ce qui me concerne, pour la dernière option. Quand on célèbre trop une victoire qui n'en est pas une (il ne saurait y avoir de victoires en matière de divorce ; le mieux que l'on puisse obtenir, c'est de limiter les dégâts), on oublie les besoins des autres, y compris ceux dont on obtient légalement la charge. Ainsi, ma mère a tout mis en œuvre pour me distancer de mon héritage français et pour couper tout contact avec ma famille française, celle de mon père. Elle les traitait de toutes sortes de noms que j'absorbais, en tant qu'enfant, comme un buvard absorbe l'encre d'un stylo à plume. Ces insultes à répétition avaient pour effet de m'intimider et de me méfier des tentatives de rapprochement de ma famille française. Ainsi, ma mère m'a empêché de jouir d'une opportunité unique : celle d'étudier en France gratuitement, étant Français (et Canadien). J'ai donc eu à payer mes études ici, au Canada, sans savoir que j'aurais pu aller à l'université gratuitement en France, et être logé ou aidé financièrement par des oncles ou des tantes qui m'avaient connu enfant. Ce n'était pas un divorce entre ma mère et mon père qu'un juge avait prononcé, c'était un divorce entre mon héritage et mes possibilités d'avenir. D'ailleurs, pour aggraver encore les choses, ma mère s'est mise à vendre l'ensemble des biens familiaux qu'elle avait subtilisés à l'aide de manigances judiciaires, dont certains dataient du XVIIIe siècle, me privant ainsi d'une histoire qui faisait partie de mon identité. Je vous en dirai plus un peu plus loin.

Le fait est que, en m'extirpant péniblement de mon cauchemar, je savais bien qu'il avait quelque chose de prémonitoire, qu'il me disait ce que mon conscient ne voulait pas entendre. Quoi? Je ne pourrais le dire exactement.

En tout cas, un coup de téléphone de Maxime, le vendredi 26 octobre à 23 heures 55, nous réveille soudainement, Brigitte et moi. Maxime s'est ressaisi. Il respire normalement et parle de manière posée, chuchotant presque.

«Maxime, grand Dieu, où es-tu?»

«Je suis à Vienne…»

«À Vienne? Que fais-tu à Vienne?»

Maxime entreprend de m'expliquer ce qui s'est passé depuis le matin où il m'a téléphoné pour me dire dans quel pétrin il était, à Bratislava, avec son pyjama sous son habit, ayant passé une nuit grelotante entre deux murs de pierre vétustes, à réfléchir à la façon d'échapper à sa situation. Je l'interromps:

«Des nouvelles de Fannie?»

«Aucune.»

La voix de Maxime s'éteint et je dois attendre quelques secondes, peut-être même une minute, avant qu'il ne parle de nouveau. Il a probablement avalé ses émotions pour ainsi dire, et il est maintenant déterminé à me raconter ce qui lui est arrivé et à me dire ce que je vais pouvoir faire pour l'aider, si cela est possible. Il fait donc le récit de ses péripéties les plus récentes. Il s'est finalement endormi, mort de fatigue, au fond d'une petite allée dans le vieux Bratislava. Tôt le matin, il sait qu'on le chercherait en donnant la couleur de sa chemise; il enlève donc celle-ci pour ne garder que le haut du pyjama qui, fort heureusement, peut passer pour une chemise ordinaire. Il change sa coiffure du mieux qu'il peut en brossant sa frange vers l'arrière. Dans une poubelle proche, il trouve de l'huile de cuisson et un stylo noir qu'il vide de son encre. En mélangeant le tout, il arrive à se teindre les cheveux, de manière très rudimentaire, mais, se dit-il, ça ira. Il se lave les mains à même une petite flaque d'eau adjacente, puis se dirige vers la station d'autobus en vérifiant de tous les côtés s'il est suivi ou reconnu. Il s'arrête devant un kiosque à journaux et constate avec soulagement que sa photo n'est pas affichée, ni à la une ni sur les autres pages. Il arrive à la station d'autobus, il prend la première direction qui lui permet de sortir de Slovaquie avec l'argent qu'il a réussi à emporter en quittant sa chambre d'hôtel. Bratislava et Vienne se font presque face, mais avec une distance de quatre-vingts kilomètres entre les deux villes – suffisamment loin, pense Maxime, pour qu'on ne le retrouve pas. Il ne veut pas s'empêtrer avec des aveux à la police ou à l'ambassade canadienne, car il craint d'être retenu ou retourné au Canada, et tout ce qui lui tient à cœur, c'est retrouver sa fille dont il est persuadé qu'elle se trouve quelque part en Europe. Instinct de père, appelez cela comme vous voulez, lui, il reste convaincu.

Une fois arrivé à Vienne, content d'avoir échappé aux mailles du filet slovaque mais toujours nerveux, au bord d'une autre crise d'anxiété, il trouve une toilette accessible au public et se lave du mieux qu'il peut. Il déniche enfin un petit hôtel – le Die kleine Hofburg –, qui semble raisonnable et propre et où il découvre un antique piano à queue un peu désaccordé dans le vestibule principal. Il s'y assoit le soir même et commence à jouer des sonates de Mozart agrémentées d'accords de jazz. Bientôt, plusieurs personnes se regroupent autour de lui, portées par la musique enchanteresse qui défile sous ses doigts. Ses années d'étude du piano vont lui être utiles : il propose au gérant de jouer chaque soir à condition qu'on lui donne une chambre gratuitement pendant quelques semaines. Son anglais, tout comme celui du gérant, est limité, mais ils arrivent à se comprendre. Pendant la semaine qui suit, Maxime se laisse pousser la barbe qu'il a drue, et il va chercher de la nourriture dans un centre pour sans-abri, une sorte d'Armée du Salut viennoise.

C'est le meilleur endroit que j'ai pu trouver, se dit-il pour se consoler. Autant Barcelone l'avait ravi par ses couleurs, autant Vienne le séduit par les valses étourdissantes qu'il entend de ci de là, dans un café-bistro ou par la fenêtre d'un appartement. Le centre historique de la capitale autrichienne est parsemé de chefs-d'œuvre architecturaux tous plus grandioses les uns que les autres, comme la bibliothèque nationale (où Maxime va lire les journaux et essayer de fureter sur Internet) ou le palais du Belvédère. Ici, le Heldenplatz, là, l'Opéra: tout témoigne d'une histoire majestueuse, conquérante à l'occasion. Partout, Maxime profite de l'air automnal et des splendeurs architecturales de la ville, s'arrêtant par endroits pour humer les marrons grillés sur un petit feu de bois et le thé chaud au rhum dans lequel trempaient parfois des raisins. Ça lui donne le temps de réfléchir à tout ce qui s'est passé et d'essayer de comprendre.

«Ce qui s'est passé, Maxime, lui dis-je avec reproche, c'est que tu t'es mis dans de beaux draps. Avec ta tête de mule, tu es en train de mettre ta vie en danger. Tu dois revenir ici et nous irons voir la police ou la GRC ensemble…»

Il m'interrompt:

«Tu sais très bien que c'est peine perdue.»

Oui, je le sais. J'ai vu suffisamment d'histoires d'horreur dans les affaires de divorce pour savoir parfaitement que Maxime devra se battre seul pour retrouver sa petite fille.

«Tu crois que le bandit qui est entré chez toi a un lien, de près ou de loin, avec Fannie?»

«Si on fait le calcul, oui, répond Maxime. Écoute, je ne peux pas te parler plus longtemps, mais, oui, il y a un lien. Ce type n'en voulait pas à mes biens, il me ciblait, moi. On m'en veut parce que je cherche à retrouver ma Fannie. On m'en veut. Ça ne fait que renforcer ma détermination à trouver ma fille. Elle est quelque part à Bratislava et sa mère aussi. Il se trame quelque chose. Je n'abandonnerai pas ma fille. Je ne la laisserai pas tomber. Je suis son père. C'est MA fille.»

Je le sens désespéré.

«Dis-moi où tu es, Maxime, dis-moi au moins le nom de l'hôtel et je te rappelle.»

«Die kleine Hofburg», dit Maxime en hésitant.

«Dit 'cla' quoi? Je n'ai pas compris.»

«Écoute, David, je n'ai pas le temps. Laisse-moi faire. Dis au patron que j'ai besoin de deux autres semaines, fais ça pour moi. Je te téléphone dans une semaine.»

Ça y est, il m'a encore fait le coup, il a raccroché. Au moins, j'ai une vague idée de l'endroit où il se trouve. Je cherche avec Brigitte toutes les combinaisons possibles des phonèmes que j'ai cru entendre «Dit kla/cla quelque chose bourg...» et je trouve enfin le nom et l'adresse de l'hôtel.

Moi aussi, je fais le bilan. Maxime est en train de perdre son emploi en plus d'avoir perdu sa fille. Il est en train de tout risquer. De mon côté, j'ai peut-être creusé ma propre tombe en créant un site Internet accusateur. Il suffit à mon patron de trouver son auteur et d'inventer une excuse pour me mettre à la porte. Mais, aussi entêté que Maxime et malgré les protestations de Brigitte, j'ai gardé le site ouvert et je commence même à recevoir des appuis de pères, et même de quelques mères, canadiens mais surtout québécois. Je sais que je m'attaque à un gros morceau: le système de justice, ou plutôt le système d'injustice. Personne n'aime se faire dire ses torts et ses actions malhonnêtes. On aime encore moins ça quand on a du pouvoir.

Il y a aussi ces petites choses qui commencent à m'agacer: l'impression que quelqu'un est peut-être venu dans l'appartement de Maxime à son insu, la sensation que Maxime a eue d'être suivi à Francfort, la certitude de Brigitte d'avoir vu un avocat à ses côtés, au Tourniquet, sans parler du demi-truand, tout ça me travaille. Et puis, il y a mes rêves. Souvent, comme je vous l'ai dit, j'ai l'impression que mes rêves sont plus forts que la réalité. Je ne sais pas si je tiens quelque chose de ma mère, de sa maladie mentale. Une chose est sûre cependant: à l'âge de dix-sept ans, je me suis ouvert les veines sur chacun des poignets, pris en étau entre une profonde mélancolie et une perte totale de confiance dans la race humaine. Je n'arrivais plus à sor-

tir du lit, je mangeais à peine, je pleurais tout le temps. Peut-être
ma mère a-t-elle déteint sur moi? Peut-être que toute cette négativité, ces visites éprouvantes à l'hôpital psychiatrique, ces séances chez un psychiatre de Westmount (un autre quartier huppé de
Montréal), ces épisodes de mensonges éhontés qui jonchent mon
existence ont-ils eu raison de moi? Et si Maxime, à présent, était
pris dans la même dynamique destructrice? Si, lui aussi, tout
comme moi quarante ans plus tôt, était victime à sa façon d'un
système d'injustice brutal et androgyne? Je ne peux écarter
aucune hypothèse. J'ai trop souffert moi-même et je ne désire pas
que Maxime s'enfonce soit dans la démence, soit alors dans le
piège du crime qui semblait s'organiser autour de lui. Il doit
revenir au Canada, même si tout n'y est pas parfait. Nous enga-
gerons un détective privé, pas un demi-truand comme j'en ai fait
l'erreur.

«Je pars», dis-je à Bridge.

Les avocats du diable

. . . .

Vous croyez sans doute que j'exagère quand je dis que certains avocats sont une race à part, qu'ils prennent plaisir à causer du tort aux autres en jouant avec les règles et les procédures, qu'ils sont l'incarnation du mal et qu'à l'université on leur enseigne à faire de fausses promesses et à aggraver les choses de manière à faire gonfler les factures, qui sait?

Le problème au Canada, comme je l'ai dit, c'est que les juges sont issus des rangs des avocats. Ils n'ont pas de formation spécifique. Ils entrent dans leur rôle de juges, sculptés par les façons de faire des avocats et ils ne connaissent, pour la plupart, que la confrontation comme moyen de régler les conflits. Pour certains d'entre eux, il n'existe aucun aspect humain. C'est comme si on leur avait enlevé cette partie du cerveau qu'on appelle amygdale et qui participe intimement aux émotions. Ils sont lobotomisés à la souffrance humaine; ils en génèrent, ils en profitent, ils s'en réjouissent. À preuve, laissez-moi vous raconter comment, à dix-huit ans, je me suis retrouvé dans une épreuve de bras de fer contre le Barreau du Bas-Canada.

Dès mes dix-sept ans, je me suis senti assez fort, mûr et indépendant pour quitter ma famille d'adoption à Québec. Je me suis trouvé un petit appartement minable qui me donnait l'impression d'être habité par des fantômes, que les murs me parlaient et me criaient après. C'était une sensation très bizarre qui me faisait parfois redouter de rentrer chez moi après avoir donné des cours de natation. J'étais, en effet, devenu instructeur de natation par la force des choses: ce sport était le seul que je pouvais pratiquer pour me garder en forme, certes, mais aussi pour essayer d'atté-

nuer mes douleurs arthritiques. À l'examen d'instructeur de natation de la Croix-Rouge et celui de la Société royale du Canada,
j'avais feint de m'être foulé la cheville pour éviter de porter les
pseudo-victimes qui servaient pour les exercices de secourisme.

Les cheveux encore trempés après avoir nagé mes deux kilomètres, je rentrais parfois chez moi avec ce sentiment étrange
que je ne vivais pas seul, que d'autres personnes, invisibles,
m'accompagnaient, toutes imprégnées d'une rage incontrôlable.
Je ne saurai probablement jamais si ces images étaient de pures
hallucinations ou la réalité. Qui sait vraiment? Le fait est qu'à
dix-sept ans, je me débattais contre des fantômes et contre un
tourbillon interne de négativité qui m'a amené, un soir, à me
taillader les veines des deux poignets. Si vous croyez que je
mens, demandez-moi de vous montrer mes poignets. Personne,
évidemment, n'a jamais été au courant de ce fait tragique, sauf
ma copine à l'époque, qui me retrouva à demi conscient et qui
m'emmena à l'hôpital.

Je n'ai pas coupé assez profond et je m'en suis sorti. Il faut
vraiment couper jusqu'aux os pour causer suffisamment de dommages, mais quand on passe à l'acte, on a peur. On est tout simplement effrayé. Et comme je vous l'ai déjà dit, non seulement
j'ai survécu à cet incident, mais j'ai réussi mes études en me clas-
sant parmi les meilleurs de toute la classe. J'aurais dû exploiter
ces talents académiques, mais j'ai été mal aiguillé dès l'âge de
dix ans: un imbécile de juge a décidé que mon développement
n'était pas important, ni celui de ma sœur d'ailleurs, et que seuls
comptaient les billets de banque que mon père, privé de sa paternité, pouvait verser à ma mère, la pauvre victime autodéclarée. Je
ne saurai jamais non plus si ma démence d'adolescent était le
fait, justement, de cette adolescence, ou alors le produit des
influences néfastes que les rencontres avec feu ma mère exer-
çaient inéluctablement sur moi.

À dix-huit ans, qui était à l'époque l'âge de la majorité au Québec, j'ai déposé une plainte contre un administrateur de la Régie du logement parce que mon propriétaire avait, d'après moi, augmenté mon loyer indûment, pendant que j'étais allé me faire opérer une première fois pour mes problèmes d'arthrose. Je ne savais pas à l'époque qu'un administrateur de la Régie ne relève pas du Barreau du Bas-Canada. Mais celui-ci, basé à Montréal, a accepté ma plainte et m'a convoqué à Québec pour une audience. Même si j'avais initialement accepté de m'y présenter, j'ai dû me désister une semaine avant l'audience à cause des séquelles de l'opération. J'ai donc envoyé le certificat du médecin à l'avocat en chef responsable du dossier, au Barreau du Bas-Canada. On aurait pu penser que l'audience serait reportée. Toute personne logique et honnête aurait accepté le certificat du médecin. Mais certains avocats, je l'ai dit, sont indifférents à tout ce qui est pitié, altruisme et générosité. L'audience a donc eu lieu sans moi et, ô surprise, ma plainte a été jugée frivole puisque l'administrateur ne relevait pas du Barreau du Bas-Canada. Alors pourquoi l'avoir acceptée? Et pourquoi avoir fait déplacer tout ce beau monde à Québec depuis Montréal? Pour se payer un voyage de plaisir à mes frais…

En effet, en recevant la décision du comité chargé d'examiner ma plainte, j'ai reçu également une facture de 980 $ pour couvrir les frais d'une supposée sténographe. Nulle part dans le formulaire de plainte envoyé par le Barreau était-il mentionné que je devrais payer les frais d'une tierce personne et, en fait, je n'avais aucune preuve qu'on ait eu recours à ses services. Toujours est-il que le Barreau du Bas-Canada m'a fait un autre cadeau, envoyé à plusieurs reprises pendant les deux années qui allaient suivre: des menaces de saisie de mes biens. Impossible toutefois de savoir pourquoi le Barreau du Bas-Canada avait tenu à se rendre à Québec, à deux heures et demie de Montréal, pour tenir une audience en sachant que je ne pouvais pas y être. Tout ça pour vous dire qu'on ne s'en sort pas: certains avocats ne sont pas les bonnes personnes pour jouer sur l'enjeu du bien-être des enfants, tout au contraire.

Remarquez une chose: dans les cours d'écoles primaires, lorsque deux garçons (et parfois deux filles) se battent, certains enfants se regroupent autour des belligérants et les encouragent à se tirer les cheveux, à se donner des coups de poings sur la figure, à se balancer des coups de pieds sauvages et à faire saigner l'autre. Plusieurs juges et avocats canadiens sont, à mon avis, de grands enfants. On crée au Canada une Charte de droits et libertés, mais elle n'est en vigueur que par exception. Voilà mon malheur canadien!

C'est donc ce qui me trottait dans la tête pendant le vol qui me menait de Montréal à Vienne. J'exagérais sans doute, mais je bouillonnais de l'intérieur. Et quand j'arrivais à m'endormir pendant quelques heures, je revoyais Fannie, écrasée par la peur au fond d'un placard, et une forme inconnue, peut-être enveloppée de noir, peut-être baguée d'or et de diamants, qui lui brûlait les avant-bras avec des mégots de cigarettes. Je voyage, comme vous vous en doutez, très rarement. Pour ce vol, j'ai demandé un siège en classe affaires (que je peux facilement me payer) où il y a plus de place pour les jambes. Mais la douleur me gagne malgré tout. Je dois demander des sacs de glace aux agents de bord. Je dois même acheter des canettes froides de Coke et de Pepsi fraîches pour les placer sur mes articulations en les retenant avec des bandages improvisés. Ce n'est qu'avec cette stratégie du désespoir que j'arrive à endurer le voyage. Mais ma douleur, me dis-je, n'est rien en comparaison de celle de Maxime qui a perdu la trace de Fannie, sa fille de huit ans.

Mon voyage est donc particulièrement pénible à cause des rêves qui le remplissent et des douleurs quasi insoutenables qui m'empêchent de réfléchir. Maxime et moi sommes deux estropiés du divorce si l'on veut: lui, dans son cœur de père, et moi, physiquement.

J'ai convaincu Brigitte que je devais aller chercher Maxime, le ramener à la fois à la raison et à la maison. Comment faire? Je n'en avais aucune idée. Il n'avait plus de passeport. Il était têtu comme une mule, mais il fallait que je l'éloigne du danger qui le guettait. Brigitte allait téléphoner à monsieur Gagné pour lui dire que j'étais malade.

À l'aéroport de Francfort, je demande un fauteuil roulant que l'on s'empresse de me fournir. Je me prends un vrai café, un café comme je les aime, tout petit, quelques millilitres à peine, noir et épais comme du sirop.

Mon vol pour Vienne est bientôt annoncé et je m'apprête à embarquer. Encore une fois, le personnel de Lufthansa est impeccable. J'en conclus qu'on n'est pas obligé d'être désagréable pour servir les gens dans les avions! J'arrive bientôt dans la capitale autrichienne. Pendant le vol, j'apprends que pour dire oui en allemand, on dit «ya» et qu'en slovaque, on dit «áno»! Mon voisin de siège, qui, horreur! est avocat, m'explique qu'au Japon, c'est pire. Pour ne pas insulter son interlocuteur, on dit parfois oui en voulant dire non et l'inverse. Ainsi, selon les circonstances, «haï» veut dire oui ou non. J'imagine déjà les malentendus. C'est dire que le japonais peut causer bien des «souchis»! Enfin, je débarque à Vienne, épuisé physiquement et mentalement. Je suis le dernier à sortir de l'avion: mes jambes refusent de se déplier, mon dos, mouillé par les sacs de glace qui ont fondu, refuse de se débloquer.

Il me faut plusieurs heures pour récupérer avant de pouvoir enfin quitter l'aéroport. Je prends un taxi et je n'ai d'autre choix que de me coucher sur la banquette arrière, car chaque soubresaut de la voiture se répercute sur ma colonne vertébrale et y assène des coups de marteau interminables. J'arrive enfin à l'hôtel Die kleine Hofburg. Je ne vois pas Maxime et ne demande pas à le voir – il a intérêt, après tout, à rester incognito. Je me prends une chambre modeste et ne tarde pas à m'endormir quelques heures.

Nous sommes le dimanche 4 novembre, si mes calculs sont bons. Il est 21 heures, heure de Vienne. J'ajuste ma montre. Je descends dans le hall d'entrée vers 22 heures, au cas où Maxime y serait. Je ne vois qu'un barbu aux cheveux noirs assis au piano, entouré de dizaines de curieux qui apprécient son interprétation moderne de Mozart, des sonates, je crois. Pendant que je continue à chercher Maxime des yeux, le pianiste commence à jouer une sonate avec des accords de jazz. C'est une musique que je connais. Curieux, je m'approche du piano entouré d'amateurs, je remarque un petit chapeau retourné dans lequel ils jettent des euros, et je fixe mon regard sur le pianiste. Lui aussi me fixe. Nous sommes aussi surpris l'un que l'autre. Il ne peut pas s'arrêter de jouer car la foule en redemande, mais je comprends alors que Maxime s'est teint les cheveux et fait pousser la barbe, teinte elle aussi. Il utilise probablement les euros recueillis durant ses prestations nocturnes pour acheter de quoi se nourrir et s'habiller. Le bar adjacent fonctionne à pleine capacité. Ici, pas de vedettes mûres aux voix de gamines et aux déhanchements provocateurs, non, c'est de la musique merveilleusement adaptée au goût du jour.

Après une demi-heure de spectacle, Maxime, que les gens appellent vingt zéro quatre (2004), sollicite une pause bien méritée et vient me voir au bar où je me suis installé. Nous nous étreignons sous l'œil amusé du gérant de l'hôtel.

«Que fais-tu ici?» me demande Maxime, qui écrase mes épaules entre ses deux mains de géant.

Je me rassois sur le tabouret, car mes jambes me font souffrir.

«Je suis venu te chercher pour te ramener à la maison… mais tu as l'air de bien te débrouiller ici.»

«Je suis en contact avec l'ambassade canadienne pour essayer d'obtenir un passeport et régler ce qui s'est passé du côté de Bratislava, mais les choses traînent.»

«Dis-moi, vingt zéro quatre?»

«La date de naissance d'Hitler, le 20 avril. Je ne sais pas trop pourquoi j'ai choisi ça comme surnom, mais après tout, Hitler était Autrichien de naissance. Et comme tu parles toujours des nazis… je pensais à toi. Les gens adorent m'appeler l'agent vingt zéro quatre.»

«Des nouvelles de Fannie?»

«Rien. Mais je vais à Bratislava demain.»

«Comment?»

Nous passons une petite demi-heure à jaser, puis il est obligé de retourner jouer, avant de prendre une autre pause durant laquelle nous discutons encore. Finalement, il repart jouer jusqu'à une heure du matin, après quoi nous allons nous coucher, nous promettant de rediscuter de tout cela le lendemain matin, durant le petit-déjeuner.

Ce que nous faisons, quelques heures plus tard, avec du café et des croissants, tandis que Maxime se contente de rôties et de confiture.

«C'est moi qui t'invite», lui dis-je.

«Ce n'est pas ça, m'explique-t-il. Il m'arrive d'avoir encore des crises d'anxiété et je ne peux pas me permettre de boire du café. Du reste, on vit très bien sans café, tu sais.»

La vie est difficile pour Maxime. Il se sent coincé dans cet univers viennois où il cache son identité réelle. Il ne comprend pas pourquoi les événements de Bratislava ne font pas parler d'eux dans les journaux et il commence sérieusement à soupçonner le juge qui a permis à sa fille de sortir du Canada à son insu et sans son accord d'être de mèche avec la mère.

«Elle a couché avec lui, c'est certain», lui dis-je.

«Ce n'est pas son genre… je veux dire… elle préfère les hommes très riches.»

«Pourquoi t'a-t-elle choisi alors?»

«Tu as raison. J'étais sur son passage…»

«C'est possible… mais que comptes-tu faire? Tu vas finir par perdre ton emploi, tu sais?»

Il faut que je trouve un moyen de le convaincre de revenir au Canada, quitte à faire fabriquer un faux passeport. Comment? Je n'en ai aucune idée, mais des demi-truands, il doit s'en trouver ici comme ailleurs. Il n'est pas raisonnable que Maxime se fasse épier à Bratislava, vive une vie d'artiste et joue à l'agent vingt zéro quatre à Vienne. Ses jours sont comptés, j'en suis sûr. Et surtout, cela ne lui ramène pas sa Fannie. Et si Maria V. n'avait, en fait, jamais quitté le Canada? Si elle s'était simplement réfugiée chez les Inuits, par exemple?

«Pourquoi irait-elle se geler les fesses là-haut, dans le Grand Nord?»

Bon, il a raison.

«Supposons alors que Maria ait décidé de faire une pause en Gaspésie, avec Fannie, sans rien dire à personne. C'est tout. Elle revient dans le décor après quelques mois et il n'y a rien que tu puisses faire. On va te reprocher de la harceler et tu vas encore te faire laver par les tribunaux. Pendant ce temps-là, tu auras perdu ton emploi et tu devras quand même payer la pension alimentaire. Tu devras toujours payer; même si tu es sur ton lit de mort ou victime d'un accident grave, le juge t'ordonnera de continuer à payer au taux passé en prétextant que tu peux travailler d'une manière ou d'une autre, que tu n'as qu'à emprunter, que tu n'as qu'à vider ton fonds de pension, que sais-je. Je crois savoir de quoi je parle. En matière de justice au Canada, la santé ne compte pas.»

«Il y a quelque chose qui cloche, David. Je sais que je dérange ici, en Europe. On est venu me voler dans ma chambre d'hôtel, souviens-toi.»

«C'est peut-être une malchance. Un voleur de nuit qui visite les hôtels malfamés de Bratisl…»

«Ça ne tient pas la route, David.»

Maxime s'est penché vers moi, il chuchote presque. Il a arrêté de tartiner sa rôtie.

«Pourquoi l'oncle Zlatan m'a-t-il envoyé dans les Tatras? Pourquoi la mère, Dominika, avait-elle ce regard apeuré… maintenant que j'y repense? Je dois retrouver Fannie. Je sais qu'elle n'est pas au Canada. Je le sais, c'est tout. Intuition paternelle.»

Comme il redoute une crise d'anxiété, il fait une pause, inspire lentement et se rétablit. Je ne peux en vouloir à Maxime; moi-même, je crois dur comme fer aux prémonitions, et plus particulièrement aux messages des rêves. Et je me souviens de ces cauchemars de Fannie avec la musique du prélude de Rachmaninoff.

«Je crois que j'ai une idée, me confie Maxime. Si ça ne fonctionne pas, on retourne au Canada.»

«Promis?»

«Promis. Voici.»

Maxime m'explique ses intentions. Son ex, Maria V., a déjà eu pour amant très temporaire un richissime Slovaque, Marko M. Ce monsieur était un véritable coureur de jupons: agentes de bord, serveuses de bar, tout y passait. Il est devenu milliardaire en vendant des armes à des pays comme la Russie et l'Iran. Sa fortune, il l'a construite en pensée dès l'âge de sept ans. Il lui arrivait souvent de passer par Blansko, une ville tchèque sur la route de Praha – Prague. Il y avait à Blansko une usine de fabrication de fusils. Jeune adulte, Marko l'avait achetée avec l'aide financière de sa famille et il en avait fait un empire à moitié licite, car vendre des armes est un jeu risqué. Maria V. a fait sa connaissance par l'intermédiaire de sa propre mère, Dominika, qui, elle, l'a rencontré lors du baptême d'un des nombreux enfants nés hors mariage de Marko M. La mère était active dans le milieu catholique de Bratislava. Maria V. n'a pu résister aux charmes de Marko M. et est tombée dans ses bras. Comme la relation a *foiré*, elle s'est contentée de Maxime.

«Où veux-tu en venir, Maxime?»

Je me lassais moi-même de faire des reproches au système d'injustice canadien. J'avais hâte de connaître la suite. Et puis, quand on fait trop de reproches, on finit par obtenir le contraire de ce qu'on veut. On le sait à présent, le système de règlement des divorces est déficient au Canada, comme ailleurs, et il faut que les choses changent. Mais en attendant, il faut *primo* revenir à Montréal, et *secundo* trouver Fannie par des moyens moins risqués que ceux utilisés jusqu'à présent. Ces moyens sont en train de consumer Maxime, de l'écarteler entre deux continents et, au bout du compte, on risque de le retrouver complètement démoli ou, pire, mort.

Le lendemain, le lundi 5 novembre, Maxime veut retourner à Bratislava pour rencontrer Marko M., le milliardaire – il devrait bien avoir des informations, lui qui baigne dans le marché noir; en plus, il a peut-être quelques billets de banque de trop à donner. Je trouve l'idée de mon ami saugrenue et lui exprime mes réserves. Mais Maxime, vous le savez très bien, est têtu comme une mule.

«Très bien, Maxime, alors je t'accompagne. J'attendrai pendant que tu discutes avec ce Marko. Mais si ça ne fonctionne pas, on s'en va, c'est promis?»

«Promis. Au retour de Bratislava, une dernière soirée au piano – il faut bien que je fasse ça pour le gérant de l'hôtel qui m'a, au final, sauvé la vie –, puis on s'en va. On me trouvera un passeport. Comment? Je n'en sais rien, mais on part. On va en France, ton pays, David, et on se débrouille.»

«Tope là!»

Le lendemain matin, nous quittons Vienne pour Bratislava. J'ai pris soin de téléphoner à Brigitte et de lui dire que tout va bien, que Maxime et moi rentrerons bientôt. Quelque temps après, Maxime, méconnaissable depuis son départ de Bratislava quelques semaines plus tôt, frappe à la porte du richissime homme d'affaires. Il explique à l'homme qui lui ouvre la porte qu'il a été le mari de Maria V. et qu'il doit parler d'urgence à Marko M. Celui-ci se souvient certainement de Maria V. – elle était inoubliable avec ses yeux en amande, ses seins généreux et son caractère slave.

À la grande surprise de Maxime, il n'a à attendre Marko M. que pendant quelques minutes, durant lesquelles il examine sans rien toucher les œuvres d'art qui meublent le salon où on l'a prié d'attendre. Marko M. arbore un large sourire et semble content qu'une visite insolite vienne brouiller les cartes de sa journée chargée.

Marko occupe tout l'espace, à la fois physiquement et verbalement. Il a compris que quelque chose ne va pas avec son ancienne maîtresse, Maria V., la fille de Dominika, mais il est nettement plus intéressé à faire visiter son palais à Maxime. Il l'emmène donc à son bureau, qui se trouve à l'autre bout du palais, lui-même construit sur le haut d'une colline un peu en banlieue de la capitale. Il y a des gardes du corps partout et Maxime est surpris de l'aisance avec laquelle il a pénétré dans les entrailles de la richesse. Les murs sont alourdis par des têtes d'ours, d'orignaux et de lions empaillées (mais, au grand regret de Maxime, pas de têtes de juges canadiens empaillées). La chasse est son passe-temps favori, explique Marko. Le milliardaire a même été au Canada pour chasser des animaux sans robes noires. Il adore les armes. Maxime traverse les pièces, toutes plus luxueuses les unes que les autres. Puis il longe un court de tennis intérieur, où des amis viennent s'entraîner, spécifie Marko M., et de là, il aperçoit, à travers une fenêtre, une piscine de vingt-cinq mètres. C'est une véritable forteresse. Il y a des centres de sport, une bibliothèque, un service de police (privé) et bien plus. Marko et Maxime arrivent finalement au bureau du milliardaire, probablement un bureau secondaire, car il est de taille modeste. Marko ne cesse de parler, en slovaque, de sorte que Maxime, qui connaît mal la langue, ne comprend qu'une infime partie du discours. En tout cas, Marko parle. Il est fier de ce qu'il a accompli : c'est l'un des hommes les plus riches de l'Europe de l'Est. Les femmes lui courent après. Il rencontre régulièrement des politiciens, et revient justement de Tchétchénie et de Chine où il a vendu deux importantes cargaisons d'armes à épaule. Il s'intéresse peu à l'actualité locale, étant lui-même un homme d'envergure internationale.

Marko M. se lève et invite Maxime à le suivre. Ils montent dans une petite salle où Marko M. insiste pour donner une arme à feu et des munitions à Maxime, que celui-ci, après hésitation, est obligé d'accepter. Il aurait préféré que Marko lui fasse fabriquer un faux passeport, ou lui donne de l'argent ou des indices sur Fannie. Mais c'était peine perdue.

«Tu as une arme à feu sur toi? Vraiment? Une arme à feu?» demandé-je à Maxime alors que nous retournons vers la station d'autobus après qu'il eut quitté le palais de Marko M.

«Oui!»

«Déguerpissons d'ici.»

Durant notre voyage de retour vers Vienne, Maxime m'explique qu'il ne sait rien de plus au sujet de Fannie, mais qu'il a appris que la mafia russe est en train d'étendre ses tentacules sur toute la Slovaquie, que Marko M. voit la mère de Maria V., Dominika, à l'église de temps à autre, lors de cérémonies religieuses très spéciales. Le milliardaire ne veut pas se mêler des affaires de Fannie – ce n'est pas sa fille après tout, en tout cas, pas qu'il sache, et il recommande à Maxime de s'armer. On ne sait jamais.

Nous arrivons à l'hôtel Die kleine Hofburg près d'une heure et demie plus tard, vers 19 heures 30. Maxime doit commencer à jouer du piano à 21 heures.

Je retrouve Maxime vers 20 heures 45, dans le vestibule de l'hôtel. Alors qu'il va devoir commencer à jouer, je suis saisi de douleurs intenses aux jambes. Le hall est plein et je ne veux pas m'exposer en public ni monter les marches qui mènent à ma chambre – il n'y a pas d'ascenseur dans cet établissement modeste. Soudain, Maxime entrevoit un de ces touristes, justement, qui entreprend de jouer quelques notes. Il reconnaît l'homme qui a pénétré dans sa chambre d'hôtel à Bratislava – le borgne. Maxime me prend par la taille et nous nous dirigeons vers une petite porte à l'arrière. Il m'entraîne dehors, hors de la vue des curieux qui s'assemblent déjà autour du piano. Je tremble autant que Maxime.

Il n'est pas question de retourner dans cet hôtel.

Le mensonge est roi

. . . .

LE DIMANCHE 11 NOVEMBRE 2012, 8 HEURES DU MATIN, Maxime et moi nous trouvons dans une des magnifiques pièces du château de Grandmont, lui se délectant d'un verre de jus et de quelques biscottes de confiture aux abricots, moi prenant un café au lait réchauffé sur un feu de bois, à même le foyer immense de la cuisine principale.

Nous sommes arrivés au château comme deux bandits, un peu à la Mesrine. Nous avons sonné à la porte et j'ai montré mon passeport en expliquant au monsieur qui a ouvert la porte en bois massif orné de fer forgé que je suis le descendant de feu la comtesse Valentine de Grandmont et de feu le comte Derlozki. L'homme, un Belge d'une cinquantaine d'années, est partiellement au courant du passé du château qu'il vient d'acheter à un groupe dédié à l'organisation de vacances scolaires, lequel l'avait acheté à un ancien ministre du gouvernement français qui avait, expliqua-t-il lorsqu'il nous fit visiter les lieux, tout vandalisé : armoiries, manteaux de cheminée, boiseries, marbre entourant les nombreux foyers (presque un dans chacune des cinquante-cinq pièces du château, lequel couvre une superficie d'environ sept cents mètres carrés), planchers en bois franc, poutres de chêne, sculptures, grilles en fer forgé, meubles, tapis. Même l'élégante fontaine de l'entrée principale, qui trônait dans le grand hall, a été arrachée de son socle et vendue à des antiquaires. Avant d'avoir été acquis par ce bandit qui se souciait peu du patrimoine culturel de la France et qui, comme tant d'autres, ne s'intéressait qu'à l'argent vite fait, le château avait été acheté de mes grands-parents par des membres de l'église de scientologie.

J'étais vaguement au courant de mon passé aristocratique. Ce n'est que lorsque j'ai revu mon père, à l'âge de vingt-deux ans, que j'ai compris véritablement que du sang bleu coulait dans mes veines. Bon, je sais, je fais pédant! Quand ça arrive, Bridge me nomme son «comte à rebours»! Ce passé unique ne faisait somme toute aucune différence et je n'allais pas commencer à m'en enorgueillir au Canada, mais cela me faisait un petit poil, comme on dit au Québec, de savoir que j'étais petit-fils et fils de comte.

La présence du bandit à l'hôtel, à Vienne, nous avait pétrifiés pendant quelques instants. Mais Maxime, maintenant un habitué des prises de décision rapides, n'avait pas tardé à comprendre qu'il fallait quitter les lieux le plus vite possible. Mais je pouvais à peine marcher, alors pas question de courir. Il s'était demandé un instant s'il devait s'approcher d'une vieille dame qui sortait d'une petite Peugeot. Je compris qu'il voulait déguerpir avec la voiture, mais je m'étais empressé de l'avertir:

«Je ne peux pas m'asseoir dans cette bagnole.»

Il s'était tourné vers une Volvo 4 x 4, une voiture dans laquelle je n'aurais aucun mal à m'asseoir. Le conducteur s'était dirigé en tout hâte vers un café adjacent. Il avait laissé la porte déverrouillée et les clés dans la voiture. Maxime m'avait pris dans ses bras, couché sur la banquette arrière, et s'était installé derrière le volant en disant: «Entschuldigung Sie» – *pardonnez-moi*. La Volvo avait disparu dans les rues de Vienne. Je ne reconnaissais plus Maxime; d'homme rangé à Montréal, il était devenu un hors-la-loi en Europe… armé! Je ne savais plus quoi dire. Mais n'était-il pas le résultat des aberrations du système d'injustice canadien? Moi aussi, adolescent, j'étais devenu délinquant, et quiconque passerait par les absurdités des ordonnances des juges en matière de famille pourrait facilement perdre la boule. La rage, le sentiment d'injustice, l'incapacité dans laquelle on place les pères de famille, tout cela ne peut que créer les conditions mêmes qui font que les choses, loin de s'améliorer, dégénèrent. On en arrive au point où on n'a plus rien à perdre. Ce point, Maxime l'avait déjà franchi.

Fort heureusement, la Volvo était équipée d'un GPS et Maxime y avait programmé la ville de Genève, en Suisse. Il voulait quitter tout ce qui s'appelle Slovaquie et Autriche, et aller là où, espérait-il, on ne nous reconnaîtrait pas. Nous avions parcouru les quelques centaines de kilomètres qui séparent Vienne et la frontière ouest de la Suisse, lui conduisant sans dépasser la vitesse maximale, moi couché à l'arrière, admirant à la renverse – car j'étais étendu sur le dos – les montagnes aux collerettes blanches qui font la réputation des Alpes suisses.

Pendant le voyage qui dura une bonne partie de la nuit, nous avions fait des calculs. Côté actifs, nous avions mon passeport et mon porte-monnaie rempli d'euros et de cartes de crédit que je ne pouvais utiliser, car il ne fallait pas que l'on puisse nous retracer. Maxime, lui, avait le pistolet et les munitions que lui avait donnés Marko M. Il avait pris soin de tout garder sur lui. Côté passifs, Maxime était sans papiers d'identité et sans le sou, et moi, sans vêtements de rechange et surtout sans mon iPad que j'avais laissé à la chambre d'hôtel. Ce qui pouvait signifier la catastrophe : la police le retrouverait sans doute et elle pourrait y voir toutes mes activités récentes, y compris des références incriminantes à mon site *À qui la faute?* que je désirais garder incognito. Nous étions certains que quelqu'un nous en voulait, parce que nous cherchions à retrouver la petite Fannie.

En ce qui concerne les flux de trésorerie, autrement dit la somme d'argent liquide que j'avais dans mon portefeuille, elle s'élevait à deux cents euros, même pas de quoi nous payer une omelette en Suisse. L'État helvétique n'était donc pas notre planche de salut, et c'est alors que j'avais eu l'idée de passer en France, plus précisément au château familial qui surplombe une colline du Bugey, à une petite heure de Genève.

Entre Genève et la porte d'entrée en France, Saint-Julien-en-Genevois, Maxime avait arraché une plaque d'immatriculation suisse à une voiture immobilisée le long de la route pour la mettre à la place de la nôtre. C'était risqué avant de franchir la frontière, mais en général, celle-ci est assez fluide entre les deux pays. La chance nous avait souri et nous étions entrés en France sans problème; je m'étais temporairement assis sur la banquette du passager avant, adressant un sourire chaleureux au douanier.

Sitôt franchi le poste de douane, nous avions trouvé un petit coin isolé dans la forêt et nous y avions passé une nuit inconfortable à essayer de dormir et de récupérer après toutes ces émotions. *Brigitte est sans nouvelles de moi depuis deux jours,* m'étais-je dit, *elle va s'inquiéter.*

Nous nous étions arrêtés à Culoz pour déguster une baguette avec du fromage. Ah, que les odeurs de la France m'étaient réconfortantes et me rappelaient mon enfance agréable à Grenoble. Maxime s'était dirigé vers les toilettes où, nerveusement, il avait entrepris de se raser la barbe et de se teindre les cheveux et la moustache en brun. Au bout d'une demi-heure, il en était ressorti alors que la propriétaire des lieux frappait, inquiète, à la porte. Elle avait affiché un regard surpris, restant bouche bée pendant que je laissais un pourboire très généreux sur la petite table où nous avions dégusté notre repas.

De là, nous étions partis vers Artemare où nous avions loué une petite chambre d'hôtel. Nous avions passé quelques jours à réfléchir à un plan d'action. J'avais téléphoné à Brigitte à frais virés en essayant de lui faire croire que tout allait bien, mais elle piqua une colère énorme et me reprocha de ne pas lui avoir donné signe de vie et d'être en train de perdre mon emploi. Monsieur Gagné, mon patron, voulait savoir où j'étais, quand j'allais revenir, ce que je faisais. J'avais réussi à calmer Brigitte et lui avais demandé de dire à mon patron que j'avais eu une urgence familiale en France: c'était à moitié vrai, mais si plusieurs juges et avocats pouvaient mentir à tour de bras, un honnête citoyen comme moi pouvait bien dire des demi-vérités une fois de temps en temps. Pour l'amadouer, je lui avais demandé des nouvelles de nos enfants.

«Que veux-tu dire *de nos enfants*?»

Je ne savais pas ce qui m'était passé par la tête, mais j'avais eu l'impression pendant un moment d'être Vincent. Je ne sais pas ce que j'ai, la tête me tourne souvent et, en plus, j'entends des voix qui viennent de nulle part. On dirait que mes symptômes s'aggravent. Ce doit être le stress.

«Je veux dire notre Guillaume, comment va Guillaume?»

Brigitte m'avait répondu sèchement, ne mordant pas à mon hameçon de fausse tendresse. Je l'avais interrogée sur son site Web à elle, celui qu'elle était en train de mettre en ligne. Son site, effectivement, suscitait de l'intérêt (tout comme le mien d'ailleurs), mais elle m'avait posé une question fort perspicace:

«Et si tous les ennuis de Maxime étaient liés à TON site Web? Peut-être que tu attires la colère de gens avec qui tu ne devrais pas copiner?» me dit-elle d'un ton sévère, en me mettant au défi.

Était-il possible que je sois l'artisan de mon propre malheur et de celui de Maxime? Mais alors, cela voudrait dire que le juge qui a laissé Fannie sortir du pays au mépris des règles élémentaires de la justice est de connivence avec ceux qui ont essayé, à deux reprises, d'éliminer Maxime? Était-ce possible? Brigitte ne m'avait-elle pas dit avoir vu un des avocats assis tout près d'elle au Tourniquet, à Outremont? Tout cela était-il une coïncidence ou alors y avait-il un complot qui nous dépasse tous? Je n'ai pas communiqué à Maxime mon inquiétude, car j'aurais risqué de le démolir psychologiquement, lui qui était et est toujours suffisamment atterré par la disparition de sa fille. Je réalise maintenant que tout ce qu'il ne fallait pas faire, je l'ai peut-être fait… Mais avais-je le choix?

Après quelques jours à Artemare où nous nous étions faits les plus discrets possible, j'avais eu l'idée d'aller visiter le château de Grandmont et de tenter le tout pour le tout. Nous avions besoin d'argent et de connexions; il se trouverait là peut-être quelqu'un qui serait disposé à m'aider, moi, le fils du fils aîné de la comtesse Valentine de Grandmont, qui avait décidé un jour de partir au Canada, avec les résultats que nous connaissons à présent.

C'est ainsi que le 11 novembre, nous nous retrouvons là, dans une des salles du château. Le nouveau propriétaire l'a acheté à prix modique, mais c'est une pilule empoisonnée. Le château nécessite de gros travaux de rénovation : tous les toits coulent, l'humidité a fait gonfler les planchers, la tuyauterie a sauté. Maxime et moi proposons de payer notre séjour à même notre labeur ; après tout, c'est un honneur pour moi de rafistoler la demeure où ma grand-mère, que j'avais connue enfant, a elle-même passé son enfance. Le Belge accepte d'un sourire complice et amusé.

Maxime et moi discutons donc des événements récents, tout en vérifiant qu'aucune présence indiscrète ne nous épie. Il est clair que nous nous sommes engagés dans quelque chose de beaucoup plus grand que nous. Maxime se souvient de tragédies qui ont traumatisé le peuple canadien : la disparition de Kristen French en plein jour, à St. Catharines en Ontario. L'adolescente de quatorze ans avait été kidnappée par un couple sordide composé d'un pseudo-comptable au nom d'emprunt italien, Paul Bernardo, et d'une femme, Karla Homolka, d'origine tchèque. Bernardo avait violé l'adolescente à répétition puis étranglée. Il y avait aussi le cas de Cédrika Provencher, une enfant de neuf ans qui avait disparu en plein jour à Trois-Rivières, une ville proche de Montréal. Le père est toujours sans nouvelles de sa fille même s'il a entrepris d'ajouter ses efforts à ceux de la police pour retrouver la pauvre enfant. Maxime a lu, sur un site gouvernemental que :

« Selon la GRC, environ 56 000 disparitions d'enfants âgés de moins de dix-huit ans ont été signalées aux Services de police canadiens au cours de 1996. Dans la majorité des cas, il s'agissait de fugues (78 %). Les enlèvements comptent pour moins de 1 % de toutes les disparitions signalées... Les filles sont plus souvent victimes d'enlèvement (58 %), surtout d'enlèvement par des personnes autres que les parents (66 %)[2]. »

Il est tout à fait concevable que le juge qui a tourné les lois et les procédures soit, en fait, le maillon d'un réseau complexe, une sorte de secte, que sais-je, dédiée non pas à un dieu ou à des croyances quelconques, mais à des atrocités commises sur des enfants. Après tout, comme le prouvent les lettres du Conseil des juges canadiens (CJC), les juges sont au-dessus de tout soupçon. Et si mon hypothèse avait du bon? Si ce juge était un criminel?

Un frisson me parcourt l'échine.

Je demande à Maxime de faire un effort pour se souvenir de tous les détails de ce qui vient de lui arriver. Je les lui fais répéter, encore et encore. Soudain, quelque chose accroche: il se souvient d'avoir vu un dessin sur le chandail de l'intrus qui est entré dans sa chambre d'hôtel, à Bratislava. Puis, l'image de l'assistant de l'ambassadeur du Canada en Slovaquie jouant avec sa chaînette lui revient. Il fait aussi un lien avec des formes géométriques qu'il a aperçues chez l'oncle Zlatan.

Je demande à Maxime de me dessiner ces formes du mieux qu'il peut.

«Je suis comptable, pas dessinateur», a-t-il répliqué.

«Fais un effort, Maxime, fais-le pour ta fille.»

Comment un père peut-il résister à pareil argument, surtout dans de telles circonstances? Maxime dessine alors quelque chose qui ressemble à ceci:

J'ai soudain un éclair. Ça ressemble au dessin qu'a griffonné mon patron, monsieur Gagné, après notre rencontre avec cet imbécile que j'ai prétendu ne pas connaître.

---

2. www.securitepublique.gc.ca/lbrr/archives/jrst85-002-x1998002-fra.pdf, saisi le 2 septembre 2013.

Mais qu'est-ce que ça veut dire? Je téléphone à mon fils, Guillaume, qui suit des cours de chinois pendant ses loisirs et qui s'intéresse aux symboles de toutes sortes. Il me demande de lui télécopier le dessin. Ce que je fais dans un petit café d'un village voisin (je ne veux pas mêler mon nouvel employeur à ça) et je retéléphone à Guillaume en présence de Maxime. Pour une fois, mon fils va m'être utile.

«Oui, ça ressemble à du chinois», dit-il.

Maxime se souvient que Marko M., le milliardaire, lui a dit qu'il revenait tout juste de Chine. Mais Guillaume refroidit mes ardeurs.

«... ou du japonais.»

«Décide-toi, Guillaume, c'est du chinois ou du japonais?»

«Ben, un des deux», répond Guillaume avec lassitude.

Je perds patience:

«Tu te décides? Je suis pressé.»

«P'pa, c'est du chinois ou du japonais, mais le dessin est mal fait.»

«Je me fous du dessin, lui dis-je en regardant Maxime, qui, lui, n'entend pas les propos de mon fils. Je veux savoir si c'est du chinois ou du japonais, c'est important.»

«Ça peut être un ou l'autre, ou les deux. Les Japonais ont trois alphabets: les kanjis d'origine chinoise, au nombre minimal de 1 800, et les hiragana et les katakana, 46 caractères chacun... je crois...»

«Ah bon?»

«Oh! Et il y a les rômajis...», ajoute-t-il, lui qui est pourtant souvent avare de commentaires. Mon fils en sait des choses! J'aurais bien dû me douter qu'après tout il apprend un peu à l'école, ou ailleurs.

«Et qu'est-ce que ça veut dire?» lui demandé-je.

«Ça veut dire milieu.»

«Milieu?»

«Milieu comme dans… milieu?», je tiens à revérifier.

«Milieu.»

«Et ça se prononce comment, ce kanji?»

«En chinois, aucune idée. En japonais, ça dépend.»

«Comment ça, ça dépend?» Je commence à perdre patience, vraiment. Maxime me met la main sur l'épaule, comme pour me retenir: je suis sur le point de partir en flèche, comme une navette spatiale à la fin du compte à rebours.

«Ça dépend de quoi, Guillaume?»

«Ça dépend de l'utilisation du kanji, du caractère. Si on le prononce à la chinoise ou si on le prononce à la japonaise.»

«Bon, on recommence. Guillaume, je veux la prononciation japonaise de ce kanji.»

«J'ai compris, p'pa, mais en japonais, tous les kanjis ont deux manières d'être lus, la manière chinoise, celle d'origine, et la plus récente, typiquement japonaise. En plus d'apprendre les 1 800 kanjis de base – il y en a, en fait, 3 000 couramment utilisés que l'on doit retenir, certains devant s'écrire à l'aide de 32 coups de pinceau de calligraphie; il faut connaître les deux manières de lire chaque kanji. À côté de ça, les 46 caractères du hiragana et les 46 du katakana, tu comprends, c'est de la petite bière. Et à côté de ça, nos 26 lettres de l'alph…»

Je l'interromps.

«Guillaume, donne-moi, s'il te plaît, dis-je en insistant et en découpant mes mots, chaque prononciation du kanji que je viens de t'envoyer par télécopieur, en chinois, en japonais et en ourdou, si tu veux.»

«Ben, le dessin est mal fait.»

Je vais perdre patience une nouvelle fois. Maxime doit presque s'asseoir sur moi. Je suis prêt à tordre le combiné comme un linge mouillé. Je me pince les lèvres à la Louis de Funès.

«Mon petit Guillaume, mon fils chéri, s'il te plaît, pour l'amour d'Amaterasu, déesse des Japonais et ancêtre de l'Empereur nippon, donne-moi les deux prononciations.»

«Ben, c'est facile, p'pa. *Chou* comme dans *Choukokou* qui veut dire Empire du Milieu, soit la Chine, et…»

«Et?»

«Naka.»

Je sursaute.

«Tu as dit *naka* comme dans Tanaka?»

«Non, Ta-naka, ça veut dire milieu de la rizière.»

«Mais dans Tanaka, on utilise le kanji *naka* que je viens de t'envoyer, c'est bien ça?»

«Bingo, p'pa!»

Je repose le combiné et me tourne vers Maxime.

«Maxime, ta fille n'est pas en Slovaquie, elle est au Japon.»

Les méandres de la justice

. . . .

VINCENT ATTERRIT COMPLÈTEMENT DÉBOUSSOLÉ À L'AÉRO-
port de Tokyo. Nous sommes le dimanche 19 novembre 2012, il
est six heures du matin. Il a pris l'avion de Montréal jusqu'à
l'aéroport de Vancouver, tout cela à mes frais, car je compte con-
tribuer de toutes les manières possibles au retour de Fannie. Là, il
est resté tranquille. Il a attendu deux heures avant de s'envoler
pour la capitale nippone.

Même à six heures du matin, Tokyo grouille comme une
fourmilière. Avec sa population de plusieurs millions d'habitants,
elle ressemble à São Paulo: y règnent les structures de béton et
d'acier, le bruit, les embouteillages monstres, la chaleur torride à
l'occasion, la pollution, bref le bonheur moderne. Sauf que, si
vous perdez votre portefeuille à Tokyo, il est ramassé et rapporté
intact à la police. À São Paulo, des enfants vous demandent de
l'argent pendant que d'autres vous soutirent vos biens à la vitesse
de l'éclair. Le chauffeur de taxi qui prend Vincent refuse que
celui-ci ouvre la porte arrière du véhicule; en plus, il porte des
gants blancs. Au Japon, même si un gaijin (un étranger) reste
toujours un gaijin, la coutume est à l'humilité, pas à la confrontation. Même la mafia – les Yakuzas – a ses rites de politesse. Difficile de croire, donc, que Fannie est retenue ici, d'autant plus
que les Japonais préfèrent, paraît-il, les Asiatiques aux Nord-
Américaines.

Vincent vient donc de débarquer au pays du soleil levant. Il
va y chercher des indices sur Tanaka – personne, entreprise,
secte, il n'en sait rien. La tâche est monumentale.

Je l'ai convaincu de se rendre à Tokyo pour nous aider, Maxime et moi, à retrouver Fannie. Nous sommes tous les deux sûrs que Maria V. a des connexions dans ce pays et que les manigances de Dominika et de l'oncle Zlatan ont été soigneusement planifiées pour détourner Maxime du vrai chemin menant à Fannie. D'ailleurs, si Maria V. avait été en Slovaquie, Marko M. l'aurait su et il n'aurait jamais donné une arme à Maxime. On dit souvent que les financiers et hommes d'affaires ne deviennent riches qu'en trichant et en trompant les autres. C'est peut-être vrai, je ne le sais pas, je n'ai jamais été ultra riche, même si je suis très à l'aise financièrement. Par contre, ce Marko M. a agi d'une manière qui permet de croire qu'il n'en sait pas davantage ou ne veut pas en savoir davantage. Ou alors il a quelque chose à voir avec la disparition de Fannie. Je ne sais plus.

Dès que Maxime et moi sommes convaincus de la nécessité de réorienter les recherches, nous préparons notre plan. Lui reste au château puisqu'il est toujours sans passeport. Il servira d'arrière-garde en Europe. Le propriétaire apprécie beaucoup son travail manuel et veut le garder. Je m'envole le jeudi 15 novembre vers Montréal. Il faut que je retourne au travail, que je fasse semblant de rien et que je sois docile.

Vincent a un souci de taille. C'est bien sûr sa «future ex», Pierrette, qui n'arrête pas de lui chercher querelle, au point où il a décidé que le moment venu, il lui donnerait tous ses biens, même ceux acquis avant le mariage, et qu'il ne verrait plus ses enfants.

À mon retour au bureau, je dois donc convaincre Vincent d'oublier temporairement Pierrette pour s'envoler vers le pays aux quatre systèmes d'alphabet. Il doit le faire pour Maxime et pour Fannie. De mon côté, même si j'avais voulu me rendre au Japon, j'en aurais été physiquement incapable.

Le trio se déploie donc sur la planète : Maxime en France dans mon (!) château, Vincent au Japon au milieu des Tanaka, c'est-à-dire au milieu des rizières de riz, et moi au Canada à faire le travail de Maxime et de Vincent, en plus du mien.

C'est comme si on remplaçait l'axe Berlin-Rome-Tokyo des années 1939-1945 ou l'axe Iraq-Iran-Corée du Nord du Bush des années 2000 par l'axe du bien!

Nous avons chacun des défis à relever, mais pour l'instant, rien ne laisse présager que l'un de nous soit en danger. Maxime travaille sous le couvert de faux papiers en France, je fais mon boulot quotidien sous le regard inquisiteur de monsieur Gagné, et Vincent cherche des pistes à Tokyo, comme en touriste inoffensif.

Brigitte est furieuse contre moi. Elle est convaincue que mon site Web, que je continue de garder actif, car il attire de plus en plus de parents abusés et désabusés, ne sert pas aussi bien les intérêts de la cause (le bien-être des enfants) que son propre site Web qui, lui aussi, suscite l'intérêt de nouveaux membres chaque jour. Son site Web est une tribune sur les possibilités de conciliation en dehors de toute intervention judiciaire, afin d'atténuer le stress inhérent à une séparation de couple. Il faut apporter du soutien, pas aggraver les choses; à preuve, comme dit Brigitte, les médecins américains qui partaient servir au Vietnam pendant la guerre ressentaient moins d'anxiété s'ils bénéficiaient d'un soutien social.

J'ai recueilli des témoignages d'une centaine d'hommes, presque tous en colère (exclusivement des hommes, sauf une mère de famille), de partout au Canada. Brigitte a déjà plus de dix mille noms sur la pétition où elle demande au gouvernement de cesser de faire l'autruche avec le cœur des enfants. Brigitte est convaincue aussi que mon site provoque la foudre des juges et qu'ils vont trouver le moyen de se venger à leur manière. Comme tout homme qui se respecte, je me dis prêt à les affronter.

Elle trouve le lien avec Tanaka beaucoup trop ténu. Elle m'en veut de lui avoir caché des faits, comme les événements à l'hôtel de Vienne ou l'attaque dont Maxime a été victime dans son hôtel slovaque. Et surtout, elle insiste pour que j'aille passer des tests neurologiques parce que, prétend-elle, mon comportement a changé. Mes mains tremblent à l'occasion; parfois, j'ai l'air d'être complètement absent. Mes rêves prémonitoires augmentent en intensité. Le rêve d'une Fannie retranchée dans un placard s'est maintenant joint à celui de l'armée d'hommes qui crachent des billets de banque. La silhouette qui s'approche de Fannie pour la brûler de ses mégots incandescents n'est plus celle d'une inconnue : c'est celle d'une juge corpulente aux bagues d'or, de diamants, de rubis et d'émeraudes que vénère cette armée d'hommes-machines à bicyclettes. La musique de Beethoven a laissé la place à celle du groupe québécois Harmonium : «On a mis quelqu'un au monde... on devrait peut-être l'écouter.» Des centaines de chauves-souris volent à toute vitesse au plafond. Les pilules opiacées que je prends quotidiennement semblent avoir de moins en moins d'effet sur mes douleurs chroniques. Mon pharmacien me promet pourtant que les choses vont s'améliorer et il continue de me donner les doses recommandées.

Durant la journée, au bureau, les chiffres se mettent parfois à danser devant moi, au rythme de quatre-quatre ou, plus souvent, au rythme de trois-quatre, comme s'ils suivaient une valse mystique, peut-être une valse viennoise. Je me vois à l'occasion pris entre les murs du château de Grandmont, lesquels se referment sur moi tandis que j'entends des appels au secours d'une petite fille, en arrière-plan. Puis, mon esprit se calme et je récupère.

Ma parole, suis-je en train de devenir comme ma mère ?

Je sens la souffrance de Fannie, je la vis en moi. C'est inexplicable. Il y a, dans la vie, ce qu'on voit et ce qu'on ne voit pas. Tout comme mon père me communiquait sa présence malgré son absence obligée, je sens, malgré la distance, le corps d'une petite fille qui crie désespérément à l'aide.

Dire que le stress que je vis ne m'affecte pas serait mentir de façon éhontée. J'ai toujours été sensible ; mes années à jouer à l'adulte alors que j'étais un enfant ne désirant que l'amour de ses deux parents m'ont poussé à me procurer de la marijuana et de la cocaïne dès l'âge de quatorze ans, jusqu'au jour où j'ai arrêté brusquement tout recours aux drogues. Mais les pincements intolérables, en particulier au niveau sacro-lombaire et dans la hanche droite, m'obligent parfois à en consommer pour atténuer ma souffrance. Et puis, je l'admets, ces disputes occasionnelles avec Brigitte me détruisent psychologiquement. Le divorce de mes parents a laissé chez moi un trou émotionnel béant qui me fait éviter toute confrontation avec mes conjointes, celles du passé comme celle d'aujourd'hui, même les confrontations qui auraient pu, au final, être bénéfiques. J'ai de la chance d'avoir trouvé Bridge. Plus d'une fois, elle m'a aidé à me rendre à l'hôpital, même lorsqu'elle était enceinte et sur le point d'accoucher. Plus d'une fois, elle m'a aidé à me sortir de situations embarrassantes, surtout lorsque j'avais des prises de bec avec mon patron, car je supporte difficilement l'autorité. Ma bosse des mathématiques m'aide dans ma fonction de comptable et me garantit une certaine sécurité, mais pour combien de temps encore ?

Tous les couples se tiraillent, c'est connu et c'est inévitable. Lorsque cela nous arrive, je sors mes statistiques, à peu près la seule arme de défense que je connaisse en tant que comptable. Je lui explique qu'une expérience faite sur des fourmis occupées à construire une fourmilière, une activité naturelle pour elles, montre qu'elles performent sept fois plus vite et transportent trois fois plus de terre chacune lorsqu'elles travaillent à deux que lorsqu'elles travaillent seules. À trois, les résultats sont certes bien meilleurs que lorsque les fourmis travaillent individuellement, mais pas aussi bien qu'à deux. Donc, il faut rester en couple !

Pour la taquiner davantage, je lui fredonne les paroles de la Havanaise, de Meilhac et Halévy, dans l'opéra Carmen, de Bizet, paroles que je connais par cœur :

« L'amour est un oiseau rebelle. »

Brigitte cite Balzac se promenant dans le Paris du XIXe siècle pour me montrer qu'elle aussi connaît sa littérature. Elle prend un livre dans la bibliothèque du salon et lit à haute voix :

«… l'humanité n'a plus que deux formes, le trompeur et le trompé (…)», et d'ajouter avec son petit air savant: «Balzac, 1864, page 110.»

Je tente donc de calmer le jeu en ayant encore plus recours à mon arme favorite, les statistiques les plus inutiles qui soient.

«Arrête avec des stats *à la con*!»

Bridge, rouge de colère, saisit mon ordinateur et me met sous le nez un passage que j'ai affiché sur mon site Internet *À qui la faute?* et que j'ai reçu d'un père outré:

«Du point de vue de l'interaction sociale, les femmes sont affectueuses, reconnaissantes, sensibles aux sentiments des autres, charmeuses, courtoises, polies, émotives, excitables, au cœur tendre, délicates, chaleureuses, aimant flirter, mais belliqueuses et compétitives (entre elles). Pour ce qui est des traits de dominants-dominés, les femmes préfèrent les petites attaques répétées à la confrontation directe et frontale.»

Brigitte me critique sévèrement, et avec raison je l'admets:

«Tu es complètement dingue de mettre ça en ligne!»

Brigitte a haussé la voix, puis elle se lève en me regardant d'une manière condescendante:

«Qu'est-ce que tu veux obtenir avec ton foutu site Internet? Tout ce que tu fais, c'est envenimer les choses. Tes stats, les voici: tu es en train de te mettre à dos tous les juges du Canada, qu'ils soient pourris ou non. Cent pour cent.»

«Je veux réveiller la société… Je veux…»

«Pour l'instant, réplique-t-elle, tu nous mets tous en danger.»

J'ai autant de difficulté à accepter que Bridge m'indique le droit chemin que j'en ai lorsque je dois demander ma route à un étranger. Il faut que je ravale mon orgueil. Pour tenter de clore le débat, je deviens vulgaire (une spécialité masculine), ce qui ne manque pas d'enrager Brigitte, qui part dans la chambre à coucher en claquant la porte.

Alors que Bridge s'est enfermée dans la chambre, je m'approche de la porte et y colle mon oreille :

« Ben quoi, tu me dis toujours que je suis fermé comme une huître. Alors, là, je parle ! »

Je m'enfonce dans la stupidité. J'ai pourtant appris au fil des ans qu'au final la qualité de la relation de couple repose sur l'entraide, sur la valorisation de l'estime de soi de chacun et sur l'intimité. Mais je viens de creuser un écart considérable avec mon humour grossier qui jette une douche froide sur les tentatives de Brigitte de me ramener à la raison. Mes parents avaient sans doute des prises de bec de la sorte – en fait, je m'en souviens encore, à bien y penser. Un soir, alors que ma mère était venue me trouver pour me souhaiter bonne nuit, je me rappelle lui avoir demandé, en larmes, s'ils allaient divorcer. Elle m'avait assuré que non. J'allais interpréter cette réponse comme un mensonge éhonté quelques mois plus tard et cela ne fit que creuser le fossé qui me séparait déjà d'elle.

J'entrouvre la porte et je vais m'excuser auprès de Bridge. La situation est tendue pour tout le monde.

La surenchère du conflit

. . . .

JE FAIS FACE ENCORE UNE FOIS À MON PATRON, MONSIEUR
Gagné, qui, fidèle à lui-même, y va d'un de ses discours favoris
dans son vaste bureau, en claquant ses bretelles. Curieusement, il
a passé sa main gauche dans son veston, un peu à la manière de
Napoléon.

«Je vais partager avec vous, monsieur Derlozki, une histoire
que j'aime raconter aux enfants – vous savez que je m'occupe
d'activités philanthropiques auprès des jeunes. Au Moyen-Âge, à
Belley, dans l'Ain, un prince fit la rencontre d'une très belle fermière, jeune et encore vierge. Il fit assassiner son épouse avec
qui il n'arrivait pas à avoir d'enfant et épousa l'heureuse élue, en
lui faisant promettre qu'elle lui serait entièrement dévouée. Le
premier enfant du couple fut une fille, mais elle mourut d'une
vilaine grippe chez sa grand-mère maternelle.

«Le deuxième enfant fut un garçon et le prince fut comblé.
Le prince rappela à son épouse qu'elle lui avait promis un
dévouement total. Aussi dut-elle accepter que le prince emmène
avec lui le bambin de deux ans faire la guerre contre une princi-
pauté voisine. *Puisque vous êtes le prince,* avait-elle dit en toute
humilité, *je vous dois obéissance et respect.*

«Mais quand le prince revint, il dut expliquer à la jeune mère
que l'enfant avait été mortellement atteint par un projectile
ennemi. Plus de quatorze ans s'écoulèrent et le prince annonça
finalement à la belle fermière qu'il se séparait d'elle et la ren-
voyait à son village, car il allait épouser une jeune et fort jolie
femme. L'épouse, comme dernier devoir, devait s'assurer que le

banquet célébrant l'arrivée de cette future et mystérieuse épouse soit parfait.

«Le banquet eut lieu et le prince défia sa femme, la fermière, qui avait déjà quitté ses robes somptueuses pour ses haillons d'antan. *Ne crois-tu pas que cette jeune femme est ravissante? Et que penses-tu de son frère qui l'a accompagnée jusqu'ici; n'est-il pas promis à une superbe femme qui lui sera dévouée?* Ainsi le prince taquinait-il son épouse désabusée, après avoir bu toute la soirée.

«Alors qu'il allait passer une dernière nuit avec sa fermière, le prince expliqua à celle-ci que la ravissante jeune femme et le charmant jeune homme, sœur et frère, étaient en fait leurs propres enfants. Il les avait mis à l'abri du château à cause des guerres incessantes avec les principautés voisines, et aussi pour vérifier si sa femme la fermière était capable de tenir sa promesse. Elle l'avait tenue, ayant accepté la mort de ses deux enfants, plus de quatorze ans auparavant, pour plaire à son prince. C'est ainsi que le prince, fou d'admiration pour sa femme la fermière, lui fit passer une nuit de rêve et lui redonna ses habits somptueux et ses bijoux précieux.

«Le lendemain matin, cependant, la sœur et le frère furent trouvés morts: ils avaient été empoisonnés. Sous l'emprise de la jalousie et de la colère, l'épouse avait intoxiqué ses propres enfants pendant le banquet, avant d'apprendre toute la vérité.»

Il y a un long silence. Qu'est-ce que monsieur Gagné tente encore de me dire? Que la vengeance ne sert à rien? Que je dois fermer mon site Web?

«Vous pouvez disposer, monsieur Derlozki.»

«Merci, monsieur Gagné.»

Alors que j'ouvre la porte, monsieur Gagné ajoute:

«Oh! en passant, mon cher David, je pars quelques semaines en voyage d'affaires. Vous me remplacerez.»

Je reste coi quelques instants, ne sachant pas s'il se fout de moi ou s'il est sincère. Je choisis donc une réponse aussi neutre que possible :

« Très bien, monsieur Gagné. »

Je sors de son bureau.

Nous sommes le 4 février 2013. Vincent est revenu du Japon à plusieurs reprises et à chaque fois bredouille. Il invente toujours une histoire auprès du patron pour disparaître une semaine et, évidemment, à ce train d'enfer, il est vidé de toute énergie (et moi d'une partie de mon compte de banque, car je paie ses voyages).

Pour ce qui est de Pierrette, de manière à régler définitivement les choses, il a signé, début décembre 2012, une entente dans laquelle il lui donne tous ses biens, même ceux qu'il détenait avant le mariage, car, de toute manière, elle ne veut pas les lui rendre. Comme le juge avait initialement ordonné que tous les biens restent dans la maison matrimoniale dont avait hérité Pierrette, celle-ci s'était empressée de vendre ceux de son futur ex, et l'avocat de monsieur lui avait signifié qu'il lui en coûterait au bas mot 60 000 $ pour entamer les procédures pour récupérer lesdits biens. La décision du juge de ne pas laisser Vincent avoir accès à ses avoirs a ouvert la voie aux abus : à présent, il suffit à Pierrette de prétendre qu'elle les a rendus à Vincent, ou qu'il est venu les chercher, ou encore de faire trainer les choses pour faire augmenter la facture. Vincent juge que la bataille n'en vaut pas la peine et qu'il aura gain de cause un jour ou l'autre. Il a pris soin d'inclure dans l'entente finale une phrase indiquant que Pierrette a gardé une partie importante de ses biens, ce qu'elle avait initialement nié sous serment, et qu'il les lui donne maintenant à titre de compensation pour considérations futures (étant de toute manière convaincu qu'il ne les reverra jamais). En ce qui a trait aux trois enfants du couple, il apparaît évident, là aussi, que Pierrette cherche la bisbille puisque son avocate passe son temps à jouer à cache-cache : il peut voir les enfants telle fin de semaine, puis, finalement, non, ce sera une autre fin de semaine. Il pourra les voir mais selon les conditions de madame, et ainsi de suite. Là aussi, Vincent considère que c'est peine perdue : les enfants servent de monnaie d'échange pour envenimer les choses et jouer, comme on dit au Québec, au «fin finaud», c'est-à-dire au plus futé. Il inclut donc dans l'entente qu'il n'y aura plus de contact entre lui et ses enfants : de cette manière, il n'aura plus à vivre la tension de toujours espérer les voir sans jamais pouvoir le faire (ce qui ne peut que traumatiser les enfants qui, eux, voudraient voir leur père). Cette tension est une véritable torture émotionnelle qu'il a de la difficulté à gérer. Mais, en toute honnêteté, comment peut-on en arriver au point où un père protège mieux ses enfants, financièrement et émotionnellement, en ne les voyant pas qu'en les voyant ? Vincent était certain que son offre ne serait pas acceptée par Pierrette, mais elle l'a été *subito presto* : la mainmise sur la petite fortune de Vincent l'a ensorcelée. Vincent était convaincu qu'aucun juge n'oserait entériner l'entente, vu la monstruosité de la chose mais, au contraire, un juge de Toronto s'est empressé de donner son accord.

Ainsi, Vincent a résolu son problème et il peut se consacrer davantage à la recherche de Fannie et à la préservation de son emploi.

Il a passé le jour de Noël et le jour de l'An avec Brigitte, Guillaume et moi à Montréal, dans notre maison cossue d'Outremont, couverte d'un manteau de neige. C'est une période de récupération.

Au travail, il faut absolument que je garde un profil très bas malgré mes nouvelles responsabilités pour éviter que des soupçons supplémentaires ne se posent sur moi. J'ai encore des maux de tête et je confonds, à l'occasion, mes dossiers.

Il faut faire semblant d'oublier que Vincent passe une semaine sur deux quelque part, pour une histoire de famille, et que Maxime s'est fait licencier pour absence injustifiée au travail.

Maxime n'est donc pas au bout de ses peines. Il reste stoïque et se sait en sécurité au château de Grandmont, dont le propriétaire admire son travail manuel. La toiture, avec l'aide d'ouvriers locaux, est presque toute refaite à neuf, même si le froid ralentit parfois les ardeurs. Chambre par chambre, les planchers sont cirés, les murs redressés et peints, les plafonds solidifiés, les portes remplacées à l'identique. La plomberie de deux salles de bain va bientôt être terminée. Les brèches du grand hall d'entrée où trônait jadis une fontaine imposante ont été colmatées, le magnifique escalier en colimaçon, astiqué, et les larges marches de marbre, nettoyées. La cour intérieure resplendit, ce qui met en valeur le paysage que l'on surplombe depuis le haut de la colline. Le propriétaire, satisfait, a emmené Maxime à la chasse à plusieurs reprises, lui enseignant du coup le maniement des armes. Maxime a donc passé le temps des fêtes avec le Belge, un homme assez solitaire qui, apprend-il, a fait fortune en créant sa propre société de fabrication de chaussures en Italie.

Nous ne savons toujours pas ce qu'il est advenu de Fannie. Brigitte est terriblement inquiète. Nous nous cotisons pour payer un détective, mais chaque fois que nous entendons parler de lui, c'est pour nous faire chanter la même rengaine : pas de traces de Fannie. Pourtant bien connecté dans les réseaux internationaux, il n'arrive pas à percer le mystère de la disparition de Maria V. et de Fannie. Il est persuadé qu'il faut retracer Maria V. pour trouver Fannie. C'est en embauchant ce détective que Brigitte et moi avons réussi à convaincre Maxime de ne plus s'aventurer en dehors du château de Grandmont : il est en danger où qu'il aille, que ce soit à Bratislava, à Vienne ou ailleurs. Maxime ronge donc son frein et peine à contrôler ses crises d'anxiété. Pour l'instant, personne ne souhaite que l'ambassade canadienne, que ce soit à Bratislava, à Paris ou à Vienne, ne soit au courant de ce que fait Maxime. Je lui envoie des benzodiazépines par la poste, après avoir renouvelé ma prescription d'opiacés pour mes douleurs arthritiques. Maxime se console en se disant qu'il a fait ce qu'il a pu, ayant même frôlé la mort à deux reprises. Désormais, sa vie a changé. Autrefois, il voyait le monde avec un certain cynisme, certes, mais toujours en y trouvant des défis et des moments de bonheur. Aujourd'hui, tout lui semble traquenards et pièges. Il se sent la proie d'un complot qu'il ignore, et quoi de pire que de ne pas connaître le visage de son ennemi?

Le détective privé a proposé à Vincent de placer une annonce dans le Sankei Shimbun, un quotidien très populaire au Japon. L'annonce indiquait qu'un promoteur canadien était à la recherche de figurants, de filles japonaises ou étrangères âgées d'une dizaine d'années, pour le tournage d'un film pour enfants. Vincent a reçu des centaines de réponses, qu'il a dépouillées l'une après l'autre, pendant des nuits entières, à l'aide d'un ordinateur et d'un dictionnaire. Il m'a téléphoné à plusieurs reprises pour me dire combien il était découragé et me répéter ce que mon fils, Guillaume, m'avait dit: le «kanji de Tanaka», pour ainsi dire, est très mal écrit. Vincent peut le confirmer, lui qui est presque devenu un expert des quatre alphabets nippons!

Un des moments marquants de son troisième séjour au Japon fut sa rencontre avec un Yakuza – un membre du crime organisé japonais – qui porte le nom de... Tanaka. C'est notre détective privé qui les avait mis en contact. Vincent a obtenu un rendez-vous dans un temple bouddhiste situé au pied du mont Fuji. On l'a fait monter dans une Bentley, on lui a bandé les yeux et on l'a emmené rencontrer monsieur Tanaka.

Monsieur Tanaka avait une figure de samouraï hollywoodien, d'après ce que Vincent me raconte. Il n'avait pas l'air content, pas du tout. Il était assis les jambes croisées, le dos droit, sur une natte en osier et regardait Vincent avec curiosité. Vincent remarqua qu'il était amputé de la jointure extrême du petit doigt de la main droite.

«Pourquoi cherchez-vous un Tanaka-san?» lui avait baragouiné le Yakuza.

Vincent avait sorti son gribouillis de naka, c'est-à-dire la télécopie sur laquelle apparaissait le dessin initial de Maxime.

«Ce n'est pas un naka, avait dit sèchement le Yakuza, et encore moins un Tanaka.»

On l'a gentiment mis à la porte.

Bref, Vincent estime avoir perdu son temps, sans compter qu'il a tremblé de peur tout au long de sa visite antipathique. «Ça m'a aguerri», me dit-il lors de l'une de nos conversations par Skype.

Je ne peux m'empêcher de penser que si plusieurs juges ne passaient pas leur temps à envenimer les conflits, *primo*, les tribunaux seraient beaucoup moins encombrés et la justice pourrait s'occuper des vrais criminels et, *secundo*, nous n'en serions pas là, Maxime sans Fannie et sans emploi, Vincent sans ses biens et sans ses enfants, et moi, sans savoir quoi faire sinon de continuer à attirer des citoyens désabusés sur mon site Web *À qui la faute?*

C'est alors que quelque chose se produit en ce mardi 12 février. Vincent se trouve dans un de ces vastes centres commerciaux qui font la réputation de Tokyo. Une fois entré, on ne sait plus comment en sortir. C'est pire qu'un IKEA, construit délibérément à la manière d'un labyrinthe. C'est comme si on était avalé par un gigantesque serpent dont les parois internes sont remplies de magasins empruntant à des thèmes internationaux leurs couleurs, leurs produits, leur design. Au milieu se trouve une petite rivière intérieure qui fait office de canal vénitien. Sur le plafond, des trompe-l'œil donnent l'impression que le haut du serpent est un ciel ensoleillé parsemé de quelques nuages. Les boutiques sont alignées comme les perles d'un collier exotique, toutes se voulant une copie conforme des Champs-Élysées à Paris ou de la Fifth Avenue à New York.

Vincent marche donc dans ce dédale aux saveurs internationales quand, à sa grande surprise, il voit monsieur Gagné qui semble le suivre à distance. Vincent reste abasourdi un long moment. Comment son patron peut-il se trouver là, par hasard, aux antipodes de chez lui, et précisément là, dans ce centre ultramoderne et ultra-artificiel, à exactement la même heure que lui?

Vincent croit rêver. Il traverse la petite rivière qui sépare les deux hommes en sautant d'une gondole à l'autre, ne se souciant pas d'aller prendre l'un des petits ponts qui enjambent les deux rives et laissant les pseudo-gondoliers l'invectiver sans trop de conviction.

Sitôt de l'autre côté, Vincent se met à la recherche de ce gaijin sorti de nulle part. Il parcourt les allées et regrette un instant de ne pas être aussi grand que Maxime. Malheureusement, sa petite taille l'empêche de voir par-dessus la marée de cheveux noirs qui déferle devant et derrière lui, à sa gauche et à sa droite. Cet essaim de clients représente une bonne affaire pour les commerces, certes, mais une botte de foin pour qui cherche l'aiguille.

Finalement, à force de se promener un peu désespéré parmi la foule, les placotages nippons et les odeurs diverses de poulet teriyaki et de tempura, Vincent repère monsieur Gagné, comme si un GPS interne l'avait guidé… mais par la voie la plus sinueuse.

Monsieur Gagné s'est assis dans un petit bistro un peu en retrait et a déjà commandé deux cafés. Il ne s'est pas caché; au contraire, il s'est installé bien en vue, mais a pris soin de choisir une table et deux chaises à l'écart des autres clients.

Vincent s'approche, essoufflé, et pose la question la plus stupide qu'il ait jamais posée depuis que, sept ou huit années plus tôt, il a demandé à Pierrette de l'épouser:

«Que faites-vous là, patron?»

Monsieur Gagné lève les yeux lentement.

«Assieds-toi.»

Monsieur Gagné a une mine coupable, coupable de quoi, Vincent ne le sait pas encore. Mais il a l'air d'un homme qui veut passer aux aveux. Vincent s'assoit et ouvre toutes grandes ses oreilles:

«Écoute, Vincent, il y a des choses que je sais que tu ne sais pas, et des choses que tu sais que je ne sais pas.»

Décidément, pense Vincent, *monsieur Gagné s'est adapté à la culture japonaise.*

«Je…»

«Laisse-moi finir, Vincent… Ça fait des mois que je dis à Maxime de se mêler de ses affaires.»

Vincent, toujours vif d'esprit, commence à y voir clair: monsieur Gagné est bel et bien impliqué dans la disparation de Fannie. *Monsieur Gagné, Maria V. et le juge Daly font-ils équipe?*

Vincent pâlit.

«Ce que tu cherches n'est pas ici. Et c'est très compliqué tout ça. Et très risqué.»

«Mais à quoi voulez-vous en venir, patron?»

Poser cette question à monsieur Gagné, c'est lui donner l'occasion de raconter une anecdote à n'en plus finir. Mais il n'est pas d'humeur à faire claquer ses bretelles aujourd'hui.

«Il faut que tu saches, Vincent, mais cela doit rester entre nous. J'ai un peu honte de tout ça, mais c'est entre nous, tu as bien compris? Tu as un très bon emploi, tu sais…»

Monsieur Gagné attend probablement une confirmation de Vincent, mais celui-ci est complètement pris au dépourvu.

«La recherche du piquant explique bien des choses, Vincent, dit monsieur Gagné. Bien des couples dans le monde se contentent de la position du missionnaire et trouvent le reste hors de portée, soit par dégoût, soit par manque d'intérêt. Mais bien des gens veulent essayer des choses un peu excentriques… si tu vois ce que je veux dire.»

Monsieur Gagné continue d'essayer de se justifier, mais le malaise grandit, chez lui et surtout chez Vincent:

«Tu comprends?»

Vincent ne comprend rien et se demande s'il entend du japonais qui ressemble à du français. Le patron continue, tout en faisant tourner sa tasse de café entre ses doigts, mais sans jamais en prendre une goutte.

«L'homme ne veut pas tout le temps du sexe. C'est plus rudimentaire, en fait: s'il n'en a pas tout le temps, il souffre! Comme les animaux mâles, il est programmé pour l'activité sexuelle à tout moment, et non à certaines périodes de l'année. L'âge de ses partenaires, à la rigueur, lui importe peu… C'est comme ça!»

«C'est odieux, ce que vous dites, patron», dit Vincent en reculant sur sa chaise. Vincent vient de réaliser que monsieur Gagné est un pédophile.

Monsieur Gagné poursuit:

«Un homme gère ses pulsions sexuelles beaucoup moins bien qu'une femme, du moins en apparence... tu sais.»

Monsieur Gagné explique que l'instinct de possession, le manque d'altruisme et l'envie sont les trois caractéristiques fondamentales de notre société, mais qu'elles ne sont guère compatibles avec les nécessités de la relation conjugale. Sa solution à lui, c'est donc la pédophilie.

«Il faut bien ouvrir un peu la soupape, dit-il en cherchant à susciter la pitié. On désire un être qui n'est pas compliqué, qui est naturellement joyeux et innocent: une enfant, ça nous attire. Les hommes sont des êtres d'une simplicité déconcertante.»

Les paroles de monsieur Gagné enragent Vincent. Il rumine mais il n'ose pas exploser en public.

«Le sexe avec un enfant, c'est comme du bonbon, si je peux simplifier», ajoute monsieur Gagné.

Vincent ne sait que dire. Il est en double état de choc. Tout va si vite. Il ne peut que demander:

«Mais votre femme dans tout ça?»

Monsieur Gagné prend une gorgée de café, recule un peu sur sa chaise et regarde Vincent d'un air amusé:

«Oh! tu sais...»

Vincent est dégoûté. S'il a bien compris, monsieur Gagné est en train de lui avouer qu'il est pédophile et peut-être plus :

«Patron, êtes-vous en train de me dire que vous avez quelque chose à voir avec la disparition de Fannie?»

«Des hommes qui aiment les enfants, mon cher Vincent, il y en a partout, dans toutes les sociétés – au Canada, en Slovaquie, partout.»

«Mais, patron…»

«Des hommes haut placés – des médecins, des diplomates, des juges –, des hommes qui ont des postes de cadres et des moins que rien…»

Vincent s'impatiente :

«Où voulez-vous en venir, monsieur Gagné?»

«Tu n'es pas au bon endroit, mon cher Vincent. On s'est foutu de ta gueule. Tu aimes la bouffe japonaise, les voitures japonaises; toi, Maxime et David passez votre temps à parler des nazis. Vous ne parlez que des nazis, juste des nazis. On en a marre de vos exagérations. On a joué votre jeu. On a utilisé vos passions pour vous mettre sur des fausses pistes. Et vous avez mordu à l'hameçon comme des imbéciles!»

Monsieur Gagné regarde à gauche et à droite, se rapproche de Vincent et lui chuchote presque :

«Tu n'es pas au bon endroit. Fannie n'est pas au Japon. Sors ton bout de papier.»

Comment, diable, monsieur Gagné sait-il que ce bout de papier existe? Vincent obtempère et sort le bout de papier de sa poche. Monsieur Gagné le lui arrache des mains et le déplie.

«Regarde, c'est mal dessiné.»

«Oui, j'avais compris», dit Vincent.

«Ce n'est pas un kanji, c'est une supercherie.»

«Comment?» s'exclame Vincent, dont l'incompréhension grandit.

«On t'a volontairement mis sur une fausse piste.» Monsieur Gagné regarde encore à gauche et à droite et s'approche de nouveau de Vincent.

«Toute cette histoire de Tanaka est une fausse piste. Tu pourrais passer cent ans ici à chercher un Tanaka coupable. Fannie n'est pas au Japon. Regarde, regarde bien le motif. Les traits de ce kanji doivent être pleins; regarde, ils sont découpés. C'est un code. On pensait vraiment que vous alliez le décoder, vous, les trois génies de la comptabilité et de la fraude financière!»

Monsieur Gagné tapote sur le bout de papier en indiquant les sections du simili-kanji que Maxime a dessiné.

«Je vous l'accorde, patron, Maxime est meilleur comptable que dessinateur.»

«Regarde attentivement.»

Monsieur Gagné se cale sur sa chaise et boit son café tranquillement. Des aboiements de chiots suppliants enfermés dans des cages d'une animalerie située tout près se font entendre. S'y mêlent les vrombissements de la foule agitée et occupée à dénicher la meilleure occasion de dépenser son argent. Vincent tente de se concentrer; il observe attentivement le pseudo-kanji. Après quelques minutes, il est sur le point de dire quelque chose quand monsieur Gagné l'interrompt.

«Regarde bien, Vincent. Tu es bon en math et en géométrie, non?»

Effectivement, Vincent est bon en math et en géométrie. Tout à coup, il réalise l'énormité de la chose: si on déplace les plus petits traits le long des extrémités des grands traits, on obtient un «swastika». Il replace ses lunettes sur le bout de son nez, lentement, comme pour vérifier qu'il a bien lu. Monsieur Gagné comprend, à voir les yeux illuminés de Vincent, que celui-ci vient de déchiffrer le code. Il fait claquer ses bretelles sur sa poitrine.

«C'est une organisation pédophile qui s'est arrangée pour faire kidnapper Fannie, Vincent. Une organisation internationale…»

Vincent est décontenancé. Se peut-il que le juge qui a permis à Maria V. de quitter le Canada avec la petite Fannie fasse partie d'une organisation pédophile internationale? Est-ce pour cela qu'il a enfreint les règles les plus élémentaires de la justice? Maria V., la mère de Fannie, est-elle dans le coup? Marko M. est-il au courant de cette organisation, et est-ce pour cela qu'il a donné une arme à Maxime? Les idées tournent dans la tête de Vincent.

«Où se trouve Fannie?» demande-t-il avec un ton ferme, déterminé à avoir une réponse.

Monsieur Gagné pointe avec l'index vers la vitrine de l'animalerie avoisinante et part sans dire un mot.

Une pilule difficile à avaler

. . . .

Été 2013. Le juge Daly est confortablement assis sur son siège d'empereur, présidant une nouvelle cause dans un tribunal du droit de la famille.

Je suis installé à l'arrière de la salle et je prends des notes en cachette sur mon nouvel iPad qui affiche la loi sacrée du système d'injustice dont je vous ai parlé: 300/300 000 000. Je tente maladroitement de prendre des photos. Mon ancien iPad n'a, semble-t-il, jamais été retrouvé. Je lis discrètement des articles de la Charte canadienne des droits et libertés sauvegardés en PDF sur DropBox:

> «Section 7: Chacun a droit à la vie, à la liberté et à la sécurité de sa personne; il ne peut être porté atteinte à ce droit qu'en conformité avec les principes de justice fondamentale... Article 15: La loi ne fait acception de personne et s'applique également à tous...[3]»

J'imagine Maxime à côté de moi, dégustant ses sushis ou grignotant ses biscottes favorites en cachette, ne pouvant retenir sa frustration. J'ai dit à Maxime de rester chez lui et d'éviter tout ce qui risque de faire ressurgir, même temporairement, ses crises d'anxiété.

L'histoire de sa Fannie a été étouffée dans les médias et, de toute manière, on n'a jamais pu lier le juge Daly, de près ou de loin, à quelque organisation pédophile. Encore une fois, pense Maxime, un criminel s'en tire. Quel autre enfant va voir sa vie

---

3. http://laws-lois.justice.gc.ca/fra/const/page-15.html; saisi le 30 octobre 2013.

gâchée par ce mécréant, mécréant comme il semble y en avoir tant dans notre système d'injustice?

La question vaut la peine qu'on la pose. La petite Fannie a été retrouvée au fond d'un placard dans un appartement situé au-dessus d'une animalerie appelée «Hamster-dam», tout près du centre-ville d'Amsterdam et du palais royal. Elle y était retenue, avec d'autres jeunes victimes, par des membres d'un groupe de pédophiles qui utilise parfois des codes moitié néo-nazis, moitié japonais pour dérouter tout le monde, moi le premier, mais aussi Maxime, Vincent et Brigitte. Ces bandits se sont amusés à filmer des scènes d'horreur pour les mettre en ligne, préparant Fannie, semble-t-il, à se prostituer dès qu'elle en aurait l'âge, dans le «quartier rouge» de la ville, appelé ainsi parce que des néons rouges surplombent les vitrines où les femmes affichent leur dis-ponibilité. C'était en faisant parler monsieur Gagné, une fois de retour au Canada, que la police avait finalement retracé Fannie. Elle tremblait comme une feuille quand une escouade internatio-nale formée de policiers canadiens, slovaques et hollandais l'avait découverte là, muette et accroupie, dans un coin sombre et étroit d'un appartement situé au-dessus d'un magasin à l'allure toute banale. Ses yeux bleus n'avaient plus de vie et ses jambes souffraient de contusions multiples. Ses avant-bras portaient la marque des mains et des doigts qui l'avaient serrée trop fort.

Maxime a retrouvé sa Fannie à l'hôpital et les deux se sont serrés dans leurs bras avec toute la force qui unit père et fille. L'enfant a esquissé un sourire, et Maxime ne put que remercier le Ciel de lui avoir rendu cet être précieux qui lui avait tant manqué.

Qui aurait pu soupçonner que le drame de la petite Fannie s'était déroulé dans cette ville lézardée de canaux où les bicy-clettes font la loi? Qui me croira? Pourtant, des enfants du monde entier vivent des situations de maltraitance graves. Je me pose la question: *pourquoi, diable, notre système canadien y participe-t-il?*

Oui, on peut se balader dans le vieux Amsterdam, monter des escaliers si étroits qu'on a du mal à y poser la pointe du pied pour rejoindre un café où on vend de la marijuana en toute légalité. Mais il ne faut jamais oublier que la prédation humaine est au cœur de notre société. Il ne faut jamais oublier que certaines personnes haut placées, comme peut-être certains juges, continuent de faire souffrir les autres en toute impunité, pour assurer leur propre satisfaction, étancher leur propre soif du pouvoir, assouvir leurs propres désirs sexuels. Je revois des images de ma mère qui, se promenant le long des corridors de son appartement ou de l'hôpital, affirmait qu'elle devait se prostituer pour faire vivre ses enfants, et en faisait à l'occasion la preuve, ce qui ne manquait pas de me dégoûter profondément.

Bien sûr, Maxime n'a pas besoin d'être là, dans cette salle de la démence où l'on prétend vouloir le bien-être des enfants. Maxime prend soin de sa fille, il l'accompagne à ses rendez-vous pour traiter le stress post-traumatique dont elle souffre, il essaie de lui donner ce qu'il y a de meilleur dans la vie, sans toutefois lui révéler que sa mère, Maria V., est en prison en Hollande, car pourquoi voudrait-il blesser davantage cette enfant? Qu'une mère ait sacrifiée sa propre enfant, avec l'aide du patron Gagné et du juge Daly, entre autres, pour en faire une marionnette de la prostitution n'était pas à la portée d'une jeune âme encore en droit d'être heureuse.

Vincent, lui, a retrouvé une certaine paix en dénonçant au criminel les stratagèmes de Pierrette – parjure, vol de ses biens –, dans l'espoir que cela lui redonnera confiance dans le système d'injustice. Mais pourquoi en était-il arrivé là? Le divorce aurait pu être réglé en une demi-heure et au coût de 400 $ si Vincent avait été le seul à décider. Mais le non-sens propre aux mécanismes de divorce canadiens l'a engouffré dans un trou noir presque infini. Vincent a remplacé monsieur Gagné au bureau, lequel a admis ses torts sans dénoncer le juge Daly toutefois. Monsieur Gagné croupit maintenant dans une prison montréalaise en attendant un verdict final.

Vincent a écrit une histoire pour Fannie qui, avec plusieurs autres histoires pour enfants, sera publiée bientôt chez un éditeur spécialisé qui les a adorées.

Fannie adore cette histoire et la lit chaque soir avant de s'endormir. Elle retrouve peu à peu son âme d'enfant.

Mon fils, Guillaume, continue d'apprendre le chinois et a même remarqué la similarité entre une partie du drapeau slovaque et le kanji «naka», ce qui l'oblige à se creuser les méninges (comme quoi, après tout, il en a). Il n'est pas plus bavard qu'avant.

Marko M., d'après ce que j'ai lu sur Internet, a été piégé par la mafia russe et s'est retrouvé en prison sous de fausses accusations. Sa fortune passe lentement aux mains d'intérêts étrangers, et sa chute, depuis sa tour d'ivoire, doit être brutale, à n'en pas douter.

Pour ma part, j'écoute Rachmaninoff dans ma tête en rêvant à mon château du Bugey depuis mon bureau montréalais ou assis à ma place favorite au bistro du coin «Chez Maria: La poule aux œufs d'or». Aider à retrouver Fannie m'a coûté, tous frais inclus, y compris les frais du demi-truand, mon périple en Europe et les voyages de Vincent au Japon, 95 828,27 $ canadiens en date du 3 juillet 2013. Je sais à présent que je ne suis pas fou: mes rêves étaient bel et bien prémonitoires et explicatifs. N'avais-je pas vu Fannie dans un placard comme on l'a retrouvée à Amsterdam? N'avais-je pas eu des visions de bicyclettes? La reine obèse ne représente-t-elle pas les juges qui se prennent pour Napoléon, la main sur un cœur qui n'existe pas? Donc, si j'ai ce pouvoir immatériel de prédiction, suis-je dans l'erreur quand j'affirme que notre système d'injustice mène à la catastrophe?

Récemment, j'ai écrit un article scientifique sur les préjudices causés à tous, d'abord aux enfants, ensuite et surtout aux pères et, au final, aux mères qui sortent aigries et isolées par un système d'injustice autosuffisant. Cet article, je l'ai présenté à la vénérable Académie internationale de droit, basée à Montréal, qui l'a accepté. Intitulé «La justice participative est-elle une solution aux comportements de prédation dans les tribunaux traitant du droit de la famille au Canada?», il a été accepté avec enthousiasme pour une conférence qui allait avoir lieu à Copenhague. Cependant, ni cette organisation ni aucune revue scientifique n'a accepté de le publier. J'y démontre que, s'agissant de justice dite participative (soi-disant axée sur la médiation) ou non, les tribunaux n'ont pas de rôle à jouer dans les affaires familiales. Je tiens mordicus, tout comme Brigitte d'ailleurs, à exclure tout système à saveur judiciaire du processus hautement sensible et personnel de règlement entre conjoints. En clair, il suffit à l'un des conjoints de ne pas vouloir régler les choses et d'être encouragé en cela par un avocat pour anéantir tout effort honnête de négociation ou de médiation. J'admets cependant que ma prise de position plutôt extrême a nui à ma cause: je me suis laissé berner par les manigances de monsieur Gagné et de son réseau malin de pédophiles, et j'ai rendu mon ami Maxime plus vulnérable qu'il ne l'était déjà. J'ai fermé mon site Web *À qui la faute?* et je vais parfois me recueillir sur la tombe de ma mère ou, si vous préférez, de maman.

Ma douce moitié, Bridge, est celle qui, de nous tous, s'en tire le mieux. Son site Web recueille des témoignages éloquents, et chaque jour de nouveaux membres se joignent à sa démarche. Brigitte peut se vanter d'avoir un certain succès commercial, et ce, beaucoup plus rapidement que moi. Les éléments essentiels de la Charte des droits de l'enfant qu'elle est en train de peaufiner avec des amis et partisans de sa cause sont les suivants:

«1) Tout enfant a droit à une relation normale avec chacun de ses deux parents.

2) Une relation normale indique un lien exempt de stress inutile, qui est nuisible au développement psychologique de l'enfant.

3) Tout enfant a le droit de vivre dans un environnement dénué d'accusations gratuites et de dénigrement.

4) Tout enfant a droit à une éducation supérieure et ne saurait servir de prétexte à des guerres financières entre ses parents.

5) Tout enfant a droit à un environnement exempt de procédures judiciaires et ne saurait faire l'objet de débats judiciaires non scientifiques.

6) Tout enfant a droit à l'amour de ses deux parents.

7) Tout règlement de litige concernant les enfants doit se faire en présence d'une autorité morale et non d'une autorité judiciaire, sauf pour les cas criminels.»

Elle s'est inspirée, entre autres, de la Convention internationale des Droits de l'Enfant (par exemple, l'article 10 qui stipule que l'enfant a le droit d'entretenir des relations avec ses deux parents, et l'article 11 qui dit que l'État doit prendre des mesures contre les déplacements illicites d'enfants à l'étranger), et des lois ou pseudo-lois canadiennes et québécoises. Elle veut éviter les recours inutiles à la Direction de la Protection de la Jeunesse (DPJ) et toutes les formes d'aggravation dont se délectent parents désabusés, vengeurs ou avocats prédateurs.

Brigitte parle donc d'instance morale supérieure, et non de mécanismes judiciaires ou autres pour régler les conflits. Cette autorité serait spécialisée en gestion des rapports de couple, en pédiatrie, en gestion des conflits, et assurerait un suivi sérieux et équitable. Brigitte sait que la médiation judiciaire n'a qu'un succès mitigé et qu'elle ne s'applique qu'aux parents raisonnables… en l'absence d'avocats avides de litige. Pour les parents qui sont trop amers ou incompréhensifs, ou pour ceux à qui l'absence de négociation bénéficie (comme Pierrette), ajouter des avocats à la dynamique du couple, c'est mettre le feu aux poudres.

Dans l'état actuel des choses, le bien-être des enfants est un concept vide. Où s'est retrouvé le bien-être de Fannie, je vous le demande? Tout ça parce qu'un juge a fait fi des lois et procédures en toute impunité. Quand le train déraille, quand le couple se sépare, on fait pourrir les choses. Le bonheur passé est transformé en une chimère que construisent savamment les avocats mécréants pour vider monétairement, psychologiquement et socialement un des deux parents, le plus souvent le père. Ce faisant, on enferme les enfants dans des placards en quelque sorte, car on les prive de la joie de vivre, d'être aimés, d'être appréciés, de s'épanouir.

Un système qui ne rend pas compte de l'égalité de chacun des parents, un système de prédateurs en robe noire ne fait qu'éloigner les parents dont ces enfants ont tant besoin. On brime ainsi leur développement émotionnel, sans compter leur avenir financier. Que peut-on obtenir d'autre que frustration, retrait et peut-être même violence? Le système d'injustice vous rend coupable d'être un parent, parfois d'être une maman, le plus souvent d'être un papa. Les méandres de la justice ne sont pas une solution; en misant sur la surenchère des conflits, celle-ci ne fait que briser l'enfance. La preuve n'en a-t-elle pas été faite à présent? N'est-il pas temps de sortir du mensonge endémique?

La solution de Bridge serait aux antipodes du système actuel.

C'est espérer beaucoup, et cela ne fait que mettre en évidence le tragique et triste destin de milliers d'enfants qui, comme moi jadis, se sentent abandonnés par la vie, trahis par la société, livrés sans défense à eux-mêmes.

Brigitte va faire changer les choses, je le sais.

Joignez sa cause, je vous en conjure.

Remerciements

. . . .

JE TIENS À REMERCIER DU FOND DU CŒUR MADAME MONIQUE Perrin d'Arloz pour son fabuleux travail de correction et d'édition, sans qui ce livre n'aurait jamais vu le jour, ainsi que mon éditeur, Mathieu Béliveau, et les membres de son équipe : Marthe Saint-Laurent, Sylvie Milot et Diane Perreault pour leur aide inestimable.

Aux nombreux lecteurs et lectrices qui ont lu mon manuscrit et apporté des commentaires essentiels avant sa publication, je leur dis un merci sincère.

Et je remercie d'une manière toute spéciale mes quatre enfants chéris d'habiter mon cœur à chaque moment de la journée.

AUTRES OUVRAGES DE L'AUTEUR
PUBLIÉS CHEZ BÉLIVEAU ÉDITEUR

Comment les bandits à cravate s'y prennent-ils ?
ISBN 978-2-89092-505-2

Les vendeurs sont-ils tous des prédateurs ?
ISBN 978-2-89092-477-2

- - - - - - - - - - - - - - - -

À propos de l'auteur

. . . .

OLIVIER MESLY a complété un post-doctorat à HEC Montréal et un doctorat en administration des affaires option marketing. Il avait obtenu précédemment un MBA en agroalimentaire et un baccalauréat en études japonaises à l'Université McGill avec mention honorifique avant d'entreprendre une carrière en ventes et en marketing international. Devenu maintenant professeur universitaire, il enseigne et publie en français, en anglais et en espagnol.

L'ouvrage *Nos enfants d'abord et avant tout* est son premier roman. De plus, sous le pseudonyme Darloz, il est un artiste visuel reconnu [*www.darlozart.com*] dont les toiles et/ou les affiches se retrouvent, entre autres, au Musée international d'art naïf de Magog (Canada) et dans des collections publiques et privées.